DE MÃOS DADAS
ÉTICA E CIDADANIA

Avelino A. Correa • Amélia Schneiders

4º ano

Avelino A. Correa
Professor de Ensino Médio, formado em Filosofia e Teologia.

Amélia Schneiders
Professora de Ensino Religioso no Ensino Fundamental e Médio e de Didática e Prática de Ensino nos cursos de Magistério.

editora scipione

editora scipione

Diretoria editorial: Lidiane Vivaldini Olo
Editoria de Ciências Humanas: Heloisa Pimentel
Editoras: Regina Gomes e Solange Mingorance
Assistentes editoriais: Mirna Acras Abed Imperatore e Thamirys Gênova da Silva (estag.)
Gerente de revisão: Hélia de Jesus Gonsaga
Equipe de revisão: Rosangela Muricy (coord.), Gabriela Macedo de Andrade, Luís Maurício Boa Nova e Vanessa de Paula Santos; Flávia Venézio dos Santos (estag.)
Supervisor de arte: Sérgio Yutaka Suwaki
Equipe de arte: Andrea Dellamagna (programação visual), André Gomes Vitale (produção de arte) e OAK Studio (editoração eletrônica)
Supervisor de iconografia: Sílvio Kligin
Equipe de iconografia: Josiane Laurentino e Vanessa Manna (pesquisa), Nadiane Santos (assistência)
Tratamento de imagem: Cesar Wolf e Fernanda Crevin
Colaboração: Maria Luísa Naca, Saverio Lavorato Jr. e Maria Aiko Nishijima
Ilustrações: Rogério Coelho
(capa e ícones das aberturas de unidade)
Simone Ziasch, Vanessa Alexandre, Carol Juste e Fabio Sgroi

Direitos desta edição cedidos à Editora Scipione S.A.
Avenida das Nações Unidas, 7221, 3º andar, Setor D
Pinheiros – São Paulo – SP – CEP 05425-902
Tel.: 4003-3061
www.scipione.com.br / atendimento@scipione.com.br

Dados Internacionais de Catalogação na Publicação (CIP)
(Câmara Brasileira do Livro, SP, Brasil)

Schneiders, Amélia
De mãos dadas : ética e cidadania : ensino fundamental, 1 / Amélia Schneiders, Avelino A. Correa. -- 12. ed. -- São Paulo : Scipione, 2014.

Obra em 5 v. para alunos de 1º ao 5º ano.

1. ética e cidadania (Ensino Fundamental) I. Correa, Avelino A. II. Título.

14-09870   CDD–377.1

Índices para catálogo sistemático:
1. Ética e cidadania nas escolas   377.1
2. Ética e cidadania : Ensino fundamental   377.1

2020
ISBN 978 85 262 9438 7 (AL)
ISBN 978 85 262 9439 4 (PR)
Cód. da obra CL 738671
CAE 506604 (AL)
CAE 506588 (PR)
12ª edição
10ª impressão

Impressão e acabamento: Forma Certa

Uma Publicação Abril EDUCAÇÃO

> Os textos bíblicos citados nesta obra foram retirados de várias edições da Bíblia e adaptados para uma linguagem mais adequada à faixa etária dos alunos.

Meu livro

Meu nome é _____

_____

Nasci no dia _____ de _____

_____ de _____

Coisas que gosto de fazer: _____

_____

_____

_____

_____

_____

_____

Cole sua foto e use os adesivos do final do livro para enfeitar a página.

Sumário

Vivendo e aprendendo, 9

1. A influência do meio, 10
   Ler é gostoso: *As meninas-lobo*, 12
   Brincando de filosofar, 12
2. Ensina-me a viver, 17
   Ler é gostoso: *Eu agradeço*, 18
   Brincando de filosofar, 18
3. Pequenas ações, grandes resultados, 22
   Ler é gostoso: *A união faz maravilhas*, 23
   Brincando de filosofar, 23
4. A força da esperança, 27
   Ler é gostoso: *Tente outra vez*, 29
   Brincando de filosofar, 29

Olhando mais longe, 34

Para ser feliz, 35

5. É bom ser bom, 36
   Ler é gostoso: *Fazer o bem faz bem*, 37
   Brincando de filosofar, 37
6. Quanto vale um amigo?, 41
   Ler é gostoso: *Cativar*, 42
   Brincando de filosofar, 42
7. A importância da sabedoria, 47
   Ler é gostoso: *Como você sairia dessa?*, 49
   Brincando de filosofar, 49
8. Para ser mais, 53
   Ler é gostoso: *As religiões*, 54
   Brincando de filosofar, 54

Olhando mais longe, 60

UNIDADE 3 — De mãos dadas com a natureza, 61

9. Os encantos da natureza, 62
   Ler é gostoso: *O menino e o mar*, 63
   Brincando de filosofar, 63
10. Odores e sabores, 68
    Ler é gostoso: *Cheiro de filho*, 70
    Brincando de filosofar, 70
11. Bela, mas doente, 75
    Ler é gostoso: *A terra é sagrada*, 77
    Brincando de filosofar, 77
12. Da natureza ao Criador, 82
    Ler é gostoso: *Olhar e ver*, 84
    Brincando de filosofar, 84

Olhando mais longe, 88

UNIDADE 4 — Deus: aquele que nos ensina a conviver, 89

13. Com açúcar e com afeto, 90
    Ler é gostoso: *Pensamentos*, 91
    Brincando de filosofar, 91
14. Cuidado com os boatos, 96
    Ler é gostoso: *A língua*, 97
    Brincando de filosofar, 97
15. Eu e o outro, 102
    Ler é gostoso: *Cinco escolhas*, 103
    Brincando de filosofar, 103
16. O Grilo Falante, 107
    Ler é gostoso: *A nossa bússola*, 108
    Brincando de filosofar, 108

Última mensagem do ano, 113

Comemorar para crescer

Dias especiais, 116
    Campanha da Fraternidade, 117
    Páscoa, 120
    Dia da Ecologia e do Meio Ambiente, 123
    Dia da Paz e da Não Violência, 127
    Festa das Tendas, 131
    Dia Mundial da Gentileza, 135
    Natal, 140
Cantinho das canções, 145

CONHEÇA SEU LIVRO

Este livro está dividido em quatro unidades. Cada unidade contém quatro capítulos.

Nas aberturas de unidade há sempre uma mensagem para você! Observe a imagem e veja qual será o assunto principal dos capítulos da unidade.

Número do capítulo.

Título do capítulo.

O texto do capítulo traz informações e questionamentos relacionados a sua vida. Observe as imagens, leia os textos, pense e converse sobre eles com seus pais, seu professor e seus colegas.

Na seção **Ler é gostoso** há textos variados, como poemas, histórias, reportagens, relacionados ao assunto do capítulo. Como diz o nome da seção, você vai descobrir que ler é muito bom!

A seção **Brincando de filosofar** convida você a pensar sobre um tema. É um momento para refletir, discutir com os colegas, justificar e defender suas ideias.

A seção **Atividades** encerra cada capítulo. Encare esse desafio! Há vários tipos de atividade:
- Trocando ideias
- Ideias em ação
- Vamos refletir?
- Pensando juntos
- Momento de oração

A seção **Olhando mais longe** encerra cada unidade. É uma reflexão sobre o que você aprendeu nessa etapa e o que isso vai servir para o seu futuro.

No fim do livro, mais atividades para você:

Dias especiais
Aqui você conhece as datas especiais, festas e costumes de diferentes religiões.

Cantinho das canções
Cantar é muito bom! Aqui você encontra letras de música para cantar com os colegas e o professor.

UNIDADE 1

VIVENDO E APRENDENDO

Pai, na sua época já existia filme 3D?

Sim, mas não com tecnologia digital.

1. A influência do meio
2. Ensina-me a viver
3. Pequenas ações, grandes resultados
4. A força da esperança

Quem folheia os jornais, quem ouve os noticiários de televisão, quem lê as notícias da internet sabe quantas coisas tristes acontecem diariamente.

A maioria delas poderia ser evitada se as pessoas tivessem aprendido a viver.

CAPÍTULO 1

A influência do meio

Influência: ação de uma pessoa ou coisa sobre outra.

Luana adora abraçar os pais! E, ao receber afeto, aprende a ser afetuosa com todas as pessoas.

Por que você fala português?
Por que anda sobre os dois pés?
Por que come com garfo e faca?
Por que escova os dentes após as refeições?

A maioria de nossos conhecimentos, nossas ações e habilidades é baseada na observação do que os outros dizem ou fazem.

Aprendemos a andar sobre os dois pés porque observamos as pessoas fazerem isso e tentamos imitá-las. Aprendemos a falar português porque é a língua que sempre ouvimos.

Sendo amada, a criança aprende a amar.

Da mesma forma, aprendemos as regras de convivência de nossa casa, de nosso bairro, de nossa escola, de nossa cidade, de nosso país. Enfim, as pessoas influenciaram e continuarão sempre influenciando nossa maneira de ser e de agir.

Pedro está aprendendo a andar e conta com a ajuda e o exemplo de sua família.

Assim, você pode imaginar o que acontece:
- quando uma criança convive com uma família que pratica justiça, solidariedade e amor;
- quando crianças e jovens recebem carinho e compreensão em casa e na sociedade.

Também pode imaginar o que acontece:
- quando alguém começa a andar com más companhias;
- quando uma criança convive com pessoas que não são solidárias nem honestas.

Exemplos

São os exemplos que mais influenciam o comportamento das pessoas. A gente aprende a praticar o bem mais pelos exemplos que vê do que por outros meios.

A leitura seguinte mostra até que ponto o ambiente pode influenciar o modo de ser das pessoas.

Ler é gostoso

As meninas-lobo

Na Índia, houve muitos casos de meninos-lobo. Em 1920, foram encontradas duas crianças, Amala e Kamala, vivendo no meio de uma família de lobos. A primeira tinha um ano e meio e morreu um ano mais tarde. Kamala, de oito anos de idade, viveu até 1929. Seu comportamento era semelhante àquele de seus "irmãos" lobos.

Elas caminhavam em quatro patas, apoiando-se sobre os joelhos e cotovelos para os pequenos trajetos e sobre as mãos e os pés para os trajetos longos e rápidos.

Não conseguiam ficar de pé. Só se alimentavam de carne crua ou podre, comiam e bebiam como os animais.

Kamala viveu durante oito anos na instituição que a acolheu. Ela levou seis anos para aprender a andar, e pouco antes de morrer tinha um vocabulário de apenas cinquenta palavras. Atitudes afetivas foram aparecendo aos poucos.

Ela chorou pela primeira vez por ocasião da morte de Amala e se apegou lentamente às pessoas que cuidavam dela e às outras crianças com as quais conviveu.

A sua inteligência permitiu-lhe comunicar-se com os outros por gestos, inicialmente, e depois por palavras de um vocabulário simples.

Adaptado de: Le développement social de l'enfant et de l'adolescent, de Jean-Claude B. Reymond. Bruxelas: Dessart, 1965. p. 12-14. Em: *Fenomenologia e ciências humanas*, de Creusa Capalbo. Rio de Janeiro: J. Ozon, [s.d.]. p. 25-26.

💭 Brincando de filosofar

Atualmente, o que mais tem influência sobre você?
- A família?
- A moda?
- A televisão?
- A religião?
- A escola?
- Os amigos?
- As redes sociais?

ATIVIDADES

Vamos refletir?

1. As figurinhas abaixo escondem uma mensagem. Para descobri-la, é só escrever a primeira letra de cada desenho. Depois, leia a frase e comente-a com o professor e os colegas.

Você concorda? Explique.

_____

_____

2. Complete as frases, usando as palavras em destaque.

| pessoas   exemplos   alguém   conselhos   acreditam   decisões |

É bom ouvir e dar _____.

Mas é melhor receber e dar _____.

Você já é capaz de tomar algumas _____.

Mas sempre há _____ que inspira você.

As _____ podem duvidar do que você fala.

Mas _____ no que você faz.

3. Leia as declarações abaixo. Depois cole um adesivo para cada balão de fala.

> Meus pais sempre liam histórias para mim antes de eu aprender a ler. Com isso aprendi a gostar de ler.

> Cumprimentar os funcionários da escola é hábito de um colega meu de classe. Eu gostei tanto da atitude gentil dele que passei a fazer a mesma coisa.

Agora, escreva no balão algo que você aprendeu com um bom exemplo de outra pessoa. Desenhe você falando.

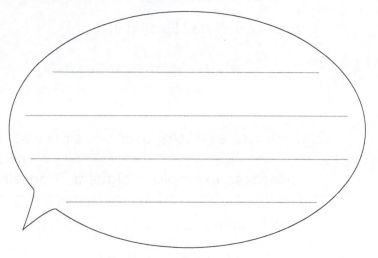

4. Reflita sobre a afirmação a seguir.

Aprendemos muitas coisas na vida por imitação.

Você concorda com essa ideia? Dê exemplos considerando sua experiência pessoal.

_____
_____
_____

5. Pense em uma pessoa cujo bom exemplo você gostaria de imitar. Escreva um elogio e um agradecimento a essa pessoa.

_____
_____
_____

6. Quais pessoas mais influenciam você?

_____
_____

7. E quem você influencia?

_____
_____

Pensando juntos

8. Aprendemos as regras de convivência conforme o ambiente em que vivemos. Em dupla, leiam as informações a seguir, comentem e respondam.

a) Na Índia, as pessoas cumprimentam-se juntando as duas palmas das mãos, colocam-nas sobre o coração e dizem "Namastê!", que quer dizer: "O Deus que está em mim saúda o Deus que está em você".

b) Como se cumprimentam as pessoas no lugar em que vocês vivem?

_____
_____
_____

c) Em muitas famílias brasileiras, as crianças pedem a bênção dos pais, avós e tios ao cumprimentá-los.

Como as pessoas de sua família se cumprimentam?

_____
_____

d) Os muçulmanos, seguidores da religião fundada por Maomé, deixam os sapatos na entrada do templo, porque consideram indelicado e anti-higiênico levar poeira da rua para o templo.

Descrevam algum costume religioso que vocês praticam com suas famílias.

_____
_____

Ilustrações: Vanessa Alexandre/Arquivo da editora

Momento de oração

Que nunca nos falte o pão de cada dia, a alegria de um lar e o amor de nossas famílias. Amém.

CAPÍTULO 2

Ensina-me a viver

Você sabe o que é alegria?

É uma sensação de bem-estar, de satisfação e de paz. Ela é expressa pelo sorriso, pelo rosto sereno e amável, pelo prazer de viver.

A alegria é a ausência de tristeza, de ódio, de inveja, de emoções ruins.

A história seguinte baseia-se num filme e mostra como uma pessoa alegre e otimista pode influenciar outra.

O filme conta a história de um jovem rico e desencantado com a vida. Vivia em um ambiente sem afeto e sem amor.

Um dia, ele conheceu uma velhinha especial: a Maude. Ela vestia roupas coloridas e extravagantes, gostava de dançar, adorava o ar puro do campo, mas não rejeitava os barulhentos parques de diversão. Era moderna e bem informada, mas encarava a vida com o olhar da criança que está descobrindo o mundo. Vivia de forma simples e despojada.

No começo, o jovem não deu muita importância à velhinha. Mas, aos pouquinhos, começou a perceber que se divertia muito a seu lado. Ela tinha algo que lhe faltava: a alegria de viver.

Cena do filme com Maude, a velhinha extravagante, e o jovem Harold.

Extravagante: fora dos padrões considerados normais ou comuns.
Despojada: pessoa que não é apegada a bens materiais.

Óleo e perfume alegram o coração, assim como o doce conselho de um amigo.

Provérbios 27,9

17

Ler é gostoso

Esta canção, de Vinicius de Moraes e Edu Lobo, parece ter sido feita pelo rapaz do filme como homenagem a sua amiga. Leia-a.

Eu agradeço

Vinicius de Moraes e Edu Lobo

Eu agradeço
Eu agradeço a você
Muito obrigado por toda a beleza que você nos deu
Sua presença, eu reconheço,
Foi a melhor recompensa
Que a vida nos ofereceu
[...]
Eu agradeço, eu agradeço
Você ter me virado do avesso
E ensinado a viver
Eu reconheço que não tem preço
Gente que gosta de gente assim feito você

Livro de letras: Vinicius de Moraes, de José Castello. São Paulo: Companhia das Letras, 1991. p. 193.

Feito: como.

Vanessa Alexandre/Arquivo da editora

Brincando de filosofar

Você conhece alguém semelhante a Maude? O que podemos aprender com ela?

ATIVIDADES

Vamos refletir?

1. Escreva a letra que falta em cada linha. Você descobrirá uma importante palavra deste capítulo.

S	E	N	S		Ç	Ã	O		D	E		B	E	M	-	E	S	T	A	R
		F	E		I	C	I	D	A	D	E
P	R	A	Z		R		D	E		V	I	V	E	R
C	O	R	A		E	M
		S	E		E	N	I	D	A	D	E
S	O	R	R		S	O		S	I	N	C	E	R	O
			P		Z

Descobriu a palavra? Então, releia-a e responda.

a) Tudo isso é a _____. Você concorda? _____

b) Como você consegue perceber que uma pessoa está alegre?

_____

_____

c) Qual é o contrário de alegria? _____

d) Você se considera uma pessoa alegre ou triste? Explique.

_____

_____

2. Circule uma letra sim e uma não, e você encontrará dois belos pensamentos. Comece circulando a primeira letra.

```
A A A T L R E I G S R T I
E A Z É A U É M A R F A E
I R O R D U E G S E O M L
D N A A V V I I D D A A .
```

a) Escreva o pensamento formado pelas letras circuladas.

_____

_____

b) Faça o mesmo com as letras não circuladas.

_____

_____

c) Escolha uma das frases e faça um desenho ilustrativo.

Pensando juntos

3. Em dupla, releiam a história contada no início do capítulo e descrevam os personagens.

- como era a velhinha:

  _____
  _____
  _____

- como era o garoto:

  _____
  _____

4. Escrevam cinco coisas que dão alegria para vocês.

_____
_____
_____
_____

Momento de oração

Desenhe um cartãozinho e escreva nele uma pequena oração de agradecimento pelas alegrias que você tem.

CAPÍTULO 3

Pequenas ações, grandes resultados

O velhinho estava cuidando de uma planta com todo o carinho. O jovem aproximou-se dele e perguntou:

— Que planta é esta que o senhor está plantando?

— É uma jabuticabeira — respondeu o velho.

— E ela demora quanto tempo para dar frutos?

— Pelo menos uns quinze anos.

— E o senhor espera viver tanto tempo assim? — perguntou irônico o rapaz.

— Não! Não creio que viva mais tanto tempo, pois já estou no fim da vida — disse o ancião.

— Então, que vantagem o senhor leva com isso?

— Nenhuma. Mas, se todos pensassem como você, ninguém colheria jabuticabas.

Vivendo e aprendendo: histórias para o dia a dia, de Giovani Alberton Ascari e Mauri Luiz Heerdt. São Paulo: Mundo e Missão, 2002. p. 141. Texto adaptado.

Conforme Jesus nos ensinou, cada pessoa deve cultivar suas qualidades. Cultivar, principalmente, para o bem dos outros. Se todos fizessem como o ancião da história, o mundo seria muitíssimo melhor.

O que podemos fazer?

A melhor solução é cada um fazer sua parte, começando em sua própria casa. Pequenas coisas do dia a dia, como respeitar os pais, ajudar os irmãos, ser honesto e cumprir seus deveres, são muito importantes para a harmonia e felicidade no lar.

Uma escola melhora muito quando os familiares dos alunos colaboram na administração. Os políticos também se tornam mais responsáveis e comprometidos quando os eleitores acompanham seus atos. Participar da vida política é essencial, pois é ela que dá poder ao povo.

Ler é gostoso

A união faz maravilhas

Era uma vez uma pracinha abandonada, como tantas outras que vemos por aí. Todos reclamavam, mas ninguém fazia nada. Um dia, Pedro resolveu sugerir à classe uma ação comunitária em favor da pracinha. Todos concordaram.

A classe se organizou e pôs mãos à obra. Ao ver as crianças limpando a praça, as pessoas que passavam por lá e os moradores das proximidades se comoveram e se ofereceram para ajudá-las: um entendia de jardinagem; o dono da floricultura forneceu grama e mudas de plantas; outro se dispôs a consertar os bancos; outro, a construir alguns brinquedos; o dono da loja de material de construção ofereceu a tinta; outro conhecia alguém na prefeitura que cuidava dos postes de iluminação. Aos poucos, a praça foi ficando linda e virou ponto de encontro de adultos, jovens e crianças do bairro. E todos continuam cuidando dela com muito carinho.

Sabem o que plantaram no centro da pracinha? Um lindo pezinho de jabuticaba.

Brincando de filosofar

"— Então que vantagem o senhor leva com isso?", perguntou o jovem ao ancião que estava plantando a jabuticabeira.
Esse jovem é uma exceção ou representa o pensamento de muitas pessoas hoje? Responda com base no que você vê e ouve.

ATIVIDADES

Pensando juntos

1. Em duplas, leiam o poema abaixo e respondam às questões.

A união faz a força

Se todas as terras
se fossem juntar,
mas que grande monte
iriam formar.

Se todas as águas
se fossem juntar,
mas que grande mar
iriam formar.

Se os homens de paz
se fossem juntar,
mas que grande exército
iriam formar.

E por sobre a terra
e por sobre o mar
então é que as guerras
iriam acabar.

Poemas da mentira e da verdade, de Luísa Ducla Soares. Lisboa: Livros Horizonte, 1999. p. 32.

a) Segundo o poema, a união faz a força. Vocês concordam com essa afirmação? Expliquem.

_____

_____

b) Por que as pessoas conseguiram reformar a pracinha abandonada, conforme o texto da página anterior?

_____

_____

c) A que tipo de exército o poema da página anterior se refere?

_____

_____

d) Vocês poderiam participar desse exército? Como?

_____

_____

e) De que forma vocês podem colaborar para a união de sua turma na escola?

_____

_____

_____

Trocando ideias

2. Converse com o professor e os colegas sobre a questão abaixo e anote suas conclusões.

Qual é a melhor maneira de colaborar para um bom ambiente?

- na escola:

_____

_____

_____

- em casa:

_____

_____

- entre os vizinhos:

_____

_____

_____

Vamos refletir?

3. Observe as três jabuticabas.

a) Dentro de cada jabuticaba, escreva uma atitude que você considera importante para melhorar o mundo.

b) Pinte as jabuticabas.

c) Agora, pense:
- Qual dessas três atitudes você já pratica?
- Em qual delas você precisa melhorar?

4. Releia o texto do início do capítulo e explique as ideias de cada personagem.

a) O jovem: não entendia por que o velhinho plantava a árvore, já que ele nem viveria para saborear suas frutas.

_____
_____

b) O velhinho: plantava a jabuticabeira pensando não em seu próprio proveito, mas no bem daqueles que viveriam depois dele.

_____
_____
_____

CAPÍTULO 4

A força da esperança

Você conhece o mito de Pandora?

De acordo com a mitologia grega, Pandora foi a primeira mulher, criada por ordem de Zeus, o deus supremo. Bela e sedutora, Pandora recebeu de Zeus uma caixa fechada, com a recomendação de que nunca fosse aberta.

> **Mitologia:** é o conjunto de mitos de um povo. Mito é um modo de explicar a realidade por meio de narrativas fantasiosas.

Mas ela não resistiu à curiosidade e abriu a caixa. Os males que estavam dentro começaram a sair: as doenças, o egoísmo, a violência, as guerras, etc. Assustada, ela fechou depressa a caixa, mas era tarde. Os males já haviam se espalhado por toda parte. Em compensação, um bem precioso permaneceu no fundo da caixa: a esperança.

A gravura mostra Pandora tentando fechar a caixa, mas era tarde demais.

Com essa história, os antigos gregos queriam explicar a origem dos males do mundo e a importância da esperança, que não nos deixa desanimar diante dos problemas e sofrimentos da vida. A esperança e o esforço pessoal fazem parte da aprendizagem e do crescimento.

Você já pensou como a esperança nos ajuda a viver? Cada pessoa tem muitas esperanças:
- a gente espera divertir-se nas férias, numa festa ou num passeio;
- os pais esperam um futuro feliz para os filhos;
- o desempregado espera conseguir emprego;
- o doente tem esperança de curar-se;
- o viciado espera livrar-se do vício;
- o preso espera que chegue logo o dia da liberdade;
- o político espera ser eleito;
- o atleta espera ganhar uma medalha;
- os que passam necessidades têm esperança de viver melhor.

Enfim, todo mundo espera alguma coisa.

Mas só esperar não basta. É preciso ir em busca do que se quer. Há atletas que treinam oito horas por dia para atingir sua meta; outras pessoas estudam a vida inteira tentando conhecer cada vez mais determinado assunto.

Se você quiser realizar seus sonhos, terá de lutar, esforçar-se muito, não desanimar com as derrotas, empenhar-se pra valer.

Desanimar, nunca. O desengano deve ser o começo de outra esperança.

Eduardo Girão

Ler é gostoso

Tente outra vez

Raul Seixas, Paulo Coelho e Marcelo Motta

Veja
Não diga que a canção está perdida
Tenha fé em Deus, tenha fé na vida
Tente outra vez

[...]

Tente
Levante sua mão sedenta e recomece a andar
Não pense que a cabeça aguenta se você parar
Há uma voz que canta, há uma voz que dança
Há uma voz que gira
Bailando no ar

Queira
Basta ser sincero e desejar profundo
Você será capaz de sacudir o mundo
Vai, tente outra vez

Tente
E não diga que a vitória está perdida
Se é de batalhas que se vive a vida
Tente outra vez

Vanessa Alexandre/Arquivo da editora

Raul Seixas – uma antologia, de Sylvio Passos e Toninho Buda.
São Paulo: Martin Claret, 1992. p. 182.

 ## Brincando de filosofar

Reflita com cuidado: quais são suas esperanças?

ATIVIDADES

IDEIAS EM AÇÃO

Charles é um aluno do 4º ano, como você. Ele sugere colocar de volta em uma caixa todos os males do mundo. Observe o desenho dele, ao lado, e depois faça o que se pede.

Vamos executar essa ideia?

a) Cada um deve escrever uma lista de males que há no mundo, amassá-la e jogá-la dentro da caixa que o professor vai oferecer.

b) Deixem a caixa na sala, durante uma semana, e continuem depositando os males que forem acontecendo ou de que vocês se lembrem.

c) Terminada a semana, sob a orientação do professor, destruam a caixa com todos os males que estiverem dentro dela.

Trocando ideias

1. Converse com o professor e os colegas sobre as questões a seguir e depois registre as respostas da turma.

a) Faça uma lista dos nomes de alguns males que escaparam da caixa de Pandora.

b) Em sua opinião, quais são os males que mais atormentam a humanidade atualmente?

_____

_____

Vamos refletir?

2. Observe as imagens a seguir, compare-as e responda:

a) Em que essas caixas se parecem?

_____

b) Em que são diferentes?

_____

_____

3. O que representou para você a destruição da caixa com todos os males que estavam dentro dela?

_____

_____

_____

Pensando juntos

4. Em duplas, leiam, pensem e respondam:

a) O que é, o que é?

Confiança em um mundo melhor.
Expectativa de final feliz.
Contrário de desespero.
Bem precioso que restou na caixa de Pandora...

_____

b) Como o dicionário define essa palavra?

_____

_____

c) Pesquisem e respondam: qual é o símbolo que representa a esperança? Por quê?

_____

_____

d) Descubram o que diz a Bíblia sobre a **esperança**, substituindo os símbolos por palavras.

A ⚓ dos justos acaba em 😊, mas a ⚓ dos injustos acaba em 😔.

Provérbios 10,28

_____

_____

5. Pensem e respondam.

- Para alcançar o que se deseja, basta ter esperança? Explique.

_____

_____

- Quais são suas maiores esperanças neste momento?

_____
_____
_____

- O que você pretende fazer para transformar suas esperanças em realidade?

_____
_____
_____

6. Faça com carinho.

Prepare um pequeno cartão com esta frase: "Não desanime, tente outra vez!". Enfeite-o como quiser e entregue-o para alguém que parece desanimado.

Se não tiver a quem entregá-lo, deixe-o na sua própria mesa e releia-o de vez em quando, durante as atividades.

Momento de oração

Escreva uma pequena oração, pedindo a Deus que nunca deixe faltar a esperança em sua vida.

_____
_____
_____
_____

OLHANDO MAIS LONGE

Crescer e ficar forte como esta araucária de Minas Gerais.

Só viver não basta. É preciso aprender a viver. Ninguém fará isso por nós. Além disso, devemos ter esperança de que o dia de amanhã será melhor do que hoje.

UNIDADE 2
PARA SER FELIZ

5. É bom ser bom
6. Quanto vale um amigo?
7. A importância da sabedoria
8. Para ser mais

Bondade rima com felicidade.
Amizade é como o ouro: quanto mais pura, mais valiosa.
Sabedoria é o leme da vida.
As religiões nos ajudam a ser melhores.

CAPÍTULO 5

É bom ser bom

Você conhece alguém bom em futebol? Em natação? Em matemática? Em português? Em arte? Claro que conhece. Mas você conhece alguém que se destaca por ser bom? Bom em participar? Em repartir, em colaborar, em perdoar?

É importante ser bom em esporte, cultura e arte. Mas também é importante ser bom colega, bom amigo, bom companheiro, bom irmão, bom filho.

Ser bom é praticar o bem, desejar a felicidade das outras pessoas, transmitir alegria e paz, repartir o que se tem, estar sempre pronto para colaborar, saber perdoar, ter compaixão. Ser bom é também combater a miséria e buscar sempre a justiça.

A bondade é uma qualidade que vai nos conquistando aos poucos. Quanto mais convivemos com uma pessoa boa, mais a admiramos, mais queremos estar perto dela.

A bondade e a maldade afetam, em primeiro lugar, quem as pratica.

> *A bondade não atinge só as pessoas, mas também os animais, as plantas e toda a Terra.*

> *O homem bondoso faz bem a si mesmo; o homem cruel destrói a si próprio.*
> Provérbios 11,17

Simone Ziasch/Arquivo da editora

Ler é gostoso

Fazer o bem faz bem

Um estudante caminhava com um de seus professores, conhecido por tratar bem as pessoas. Enquanto caminhavam, encontraram um par de sapatos velhos. Vendo um trabalhador num campo próximo, entenderam que os sapatos pertenciam a ele. Voltando-se para o professor, o estudante sugeriu:

— Vamos pregar uma peça no velho. Vamos esconder os sapatos dele e esconder-nos atrás destas árvores.

— Você acha que devemos fazer isso? — perguntou o professor.

— Vou fazer uma sugestão diferente. Por que não surpreendemos o homem, colocando uma moeda em cada sapato e observamos sua reação quando encontrar o dinheiro?

O estudante não ficou muito entusiasmado, mas acabou concordando com a ideia.

Quando o pobre homem terminou seu trabalho e calçou os sapatos, sentiu alguma coisa dura por dentro. Surpreso, viu as moedas e se ajoelhou para agradecer a Deus por ter dado dinheiro para a sua família desesperadamente necessitada.

— Você não se sente mais feliz assim, por tê-lo ajudado em vez de ter-lhe pregado uma peça? — cochichou o professor.

O estudante concordou.

Diálogo. *Revista de Ensino Religioso*. São Paulo: Paulinas, n. 37, fev. 2005. p. 48.

Pregar uma peça: enganar alguém com a intenção de fazer uma brincadeira ou uma maldade.

Brincando de filosofar

Você já foi beneficiado por praticar o bem?

Observe-se durante uma semana. A cada dia, anote as coisas boas e ruins que você fez. No fim, você vai saber como está em relação ao bem.

ATIVIDADES

Pensando juntos

1. Em duplas, descubram que sinais de bondade vocês encontram entre seus colegas de classe.

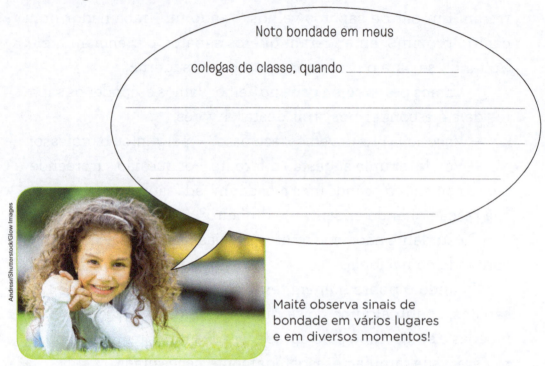

Noto bondade em meus colegas de classe, quando _____
_____
_____
_____
_____

Maitê observa sinais de bondade em vários lugares e em diversos momentos!

2. Expliquem como vocês podem agir com bondade nas situações abaixo.

| Seu colega está chateado porque não sabe fazer a tarefa escolar. |

| Sua mãe está cansada e ainda tem muito trabalho para fazer. |

| Seu irmãozinho levou um tombo e está chorando. |

_____
_____
_____
_____

Trocando ideias

3. Leia o texto e converse com o professor e os colegas sobre isso.

> Um rebanho de carneiros era conduzido por uma rua da cidade de Boston. De repente, um dos animais caiu completamente exausto.
>
> Um menino que presenciara a cena compreendeu que o carneirinho fora vencido pela sede, pois o rebanho vinha de longe, castigado pelo sol e pelo cansaço.
>
> O menino, então, foi depressa encher seu chapéu de água e deu de beber ao animal. Com esse auxílio, o carneiro se reanimou.
>
> *Lendas do céu e da terra*, de Malba Tahan. Rio de Janeiro: Record, 1987. p. 87. Texto adaptado.

a) O que você achou da atitude do menino? Você já fez algo parecido?

_____
_____
_____

b) Pense e escreva um comentário sobre a afirmação abaixo.

Bondade não é apenas respeitar nossos semelhantes.

_____
_____
_____

c) Você conhece, em sua cidade, alguma instituição que protege cães e gatos de rua? Comente.

_____
_____
_____

Vamos refletir?

4. Releia o texto "Fazer o bem faz bem" e depois responda às questões.

   a) Qual das brincadeiras merece aprovação: a que foi sugerida pelo estudante ou a que foi proposta pelo professor? Comente.

   _____

   _____

   b) O que você pode fazer com seus brinquedos, livros e roupas que já não usa mais?

   _____

   _____

5. Escreva estas quadrinhas no seu caderno.

Pequenos atos de bondade,
simples palavras de amor
fazem o mundo mais feliz,
afastam da vida a dor.

<small>De Júlia Carney. In: WATSON, C. (Org.). *365 orações para crianças.* v. 4. São Paulo: Scipione, 1994. p. 67.</small>

Se não conseguires nada
com teu gesto de bondade,
a semente aqui plantada
floresce na eternidade.

<small>*Terra dos carijós e a alegria de ser*, de Tarcísio Marchiori. Florianópolis: Edeme, 2000. p. 27.</small>

Momento de oração

Senhor,
concede-nos a bondade que promove o respeito, o amor e a partilha. Obrigado por todas as pessoas bondosas que ajudam a tornar o mundo melhor.

CAPÍTULO 6

Quanto vale um amigo?

Amigo é coisa pra se guardar no lado esquerdo do peito.

Milton Nascimento e Fernando Brant ("Canção da América")

Crianças, jovens, adultos e idosos, todos necessitamos de amigos. O próprio Cristo teve amigos, que visitava frequentemente. Ele chorou quando soube que Lázaro, seu amigo, tinha falecido.

Vítor e Leonardo são grandes amigos!

Já diziam os antigos: "Quem encontra um amigo encontra um tesouro".

Quantos tesouros você já tem?

Na verdade, amigo não se encontra, amigo se faz. Você quer amigos? Seja amigo! A amizade precisa ser cultivada, assim como uma planta. Ela se faz com bondade, dedicação, tolerância, solidariedade, compreensão e lealdade.

Quino, *Mafalda*. Ediciones de La Flor S.R.L.

A amizade é uma conquista. O primeiro passo para fazer uma amizade é tratar as pessoas com cordialidade.

A amizade nos ajuda a crescer como ser humano. Leia o texto a seguir.

> A amizade vai permitir a você alargar os horizontes de sua vida, sair de si mesmo, de sua casa, de seu círculo fechado. Ir além, atingir até os passarinhos e as plantas, ser amigo da natureza. Ser o irmão universal; irmão sol, irmã lua, irmão fogo.
>
> *A vida tem a cor que você pinta*, de Mário Bonatti. São Paulo: Salesiana/Dom Bosco, 1996. p. 57.

> Ler é gostoso

Cativar

A amizade liga-nos afetivamente, prende-nos pelo coração, cativa-nos. E o que é cativar? "Cativar é criar laços", diz a raposa ao principezinho no livro O pequeno príncipe, de Antoine de Saint-Exupéry. E ela continua:

— Se tu me cativas, minha vida será cheia de sol. Conhecerei um barulho de passos que será diferente dos outros. Os outros passos me fazem entrar debaixo da terra. O teu irá me chamar para fora da toca, como se fosse música. E depois, olha!, vês, lá longe, os campos de trigo? Eu não como pão. Os campos de trigo não me lembram de coisa alguma. Mas tu tens cabelos cor de ouro. Então será maravilhoso quando me tiveres cativado. O trigo, que é dourado, fará lembrar-me de ti. E eu amarei o barulho do vento no trigo...

A raposa calou-se e observou por muito tempo o príncipe:

— Por favor... cativa-me! — disse ela.

— Bem quisera — disse o principezinho —, mas eu não tenho muito tempo. Tenho amigos para descobrir e muitas coisas para conhecer.

— A gente só conhece bem as coisas que cativou — disse a raposa. Os seres humanos não têm mais tempo de conhecer coisa alguma. Compram tudo prontinho nas lojas. Mas, como não existem lojas de amigos, os homens não têm mais amigos. Se tu queres um amigo, cativa-me!

O pequeno príncipe, de Antoine de Saint-Exupéry. 46. ed. Rio de Janeiro: Agir, 2012. p. 66-68. (Texto adaptado; título nosso.)

Brincando de filosofar

Você conhece a expressão "amigo do peito"? Explique-a.

ATIVIDADES

Vamos refletir?

1. Leia atentamente e faça o que se pede.

   a) Escolha a frase de que você mais gostou e marque-a do jeito que quiser:

   - Um amigo cem por cento faz você sentir-se bem.
   - Um amigo nota dez defende você e lhe passa confiança.
   - Um amigo de verdade ri COM você e nunca DE você.
   - Quem é bom amigo também tem bons amigos.

   b) Explique por que você escolheu essa frase.

   _____
   _____
   _____

Trocando ideias

2. Leia o que a raposa falou ao Pequeno Príncipe e converse sobre isso com o professor e os colegas.

- Você concorda com a raposa?
- Como se faz para ter amigos?
- Como podemos aumentar a amizade em nossa classe?

Os homens compram tudo prontinho nas lojas. Mas, como não existem lojas de amigos, os homens não têm mais amigos.

3. Com a ajuda do professor, entenda e pratique esta **receita da amizade**. No quadro abaixo, desenhe ou cole uma foto de você e seu amigo.

Ingredientes

- Bondade
- Dedicação
- Tolerância
- Compreensão
- Solidariedade
- Lealdade
- Outro(s): _____

Misture tudo com bastante doçura e paciência. O resultado virá na forma de amigos, muitos e bons amigos... É isso o que você quer? Então, mãos à obra. Diga "oi" e sorria!

4. Agora, fale um pouco de seu melhor amigo ou amiga.

a) O que vocês mais gostam de fazer juntos?
_____
_____

b) Como começou a amizade de vocês?
_____
_____

c) Qual foi a coisa interessante ou legal que vocês fizeram juntos?
_____
_____

d) Escreva aqui um recado para o seu melhor amigo ou amiga e desenhe ao lado para enfeitar.

5. Circule uma letra sim e uma não e você encontrará dois belos pensamentos. Comece circulando a primeira letra.

```
S P E A V R O A C F Ê A D Z E
E S R E A J M A I T Z E A R D
A E M T I R G A O T S E D T E
O F D A O T S O C S O E M J C
A O A R M D I I G A O L T I A
D M A B D É E M
```

a) Escreva o pensamento formado pelas letras circuladas.

b) Faça o mesmo com as letras não circuladas.

IDEIAS EM AÇÃO

Você já brincou alguma vez de "bilhete da alegria"? É assim:
- Forme um grupo de três ou quatro colegas.
- Escreva um lindo bilhete para cada colega do seu grupo, elogiando uma característica ou boa qualidade dele ou dela.
- Ao entregar os bilhetes, observe as reações de alegria.
- Você também se surpreenderá com os bilhetes que irá receber.
- Use o quadro abaixo como um cantinho de recordações para colar seus bilhetes.

Momento de oração

Abençoa, Senhor, os meus amigos!
Eles fazem minha vida ficar mais bonita.
Olha por eles e protege-os sempre. Amém!

CAPÍTULO 7

A importância da sabedoria

Quem tem sabedoria age com sensatez, compreende todas as consequências de uma ação. Mas Antônio, do exemplo acima, não pensou além dos impulsos do consumo.

A sensatez envolve várias qualidades ou virtudes: inteligência, prudência, equilíbrio, cautela, compreensão mais profunda das circunstâncias. O sensato procura sempre a melhor solução de um problema.

A história abaixo exemplifica um caso em que as pessoas agiram sem sabedoria e sem respeito pelos animais.

> Carlos morava em apartamento e sempre quis ter um cachorro. Insistiu tanto que seus pais compraram um. Acontece que seus pais viajavam muito a trabalho e o cachorro ficava preso em casa. Uma vez por dia, uma pessoa ia lá dar-lhe comida e água. Só isso.
>
> Depois de um tempo, tiveram de se separar do cão. Como ninguém quis ficar com ele, resolveram abandoná-lo num lugar longe de casa.
>
> Se as pessoas pensassem melhor, muitas coisas erradas poderiam ser evitadas.

Quanto mais importante é um assunto, mais precisamos pensar, mais sábios precisamos ser. Assim, podemos evitar aquilo que faz muita gente e outros seres sofrerem.

Em geral, os mais idosos adquirem, pela experiência, maior grau de sabedoria. Por isso, nas aldeias indígenas e entre outros povos, os idosos são muito respeitados. São sempre consultados pelos mais jovens antes das decisões importantes.

A fonte da sabedoria

Deus quer que sejamos mais fortes que todos os males que existem. Para tanto, criou-nos semelhantes a ele. Assim, participamos de sua inteligência, de seu amor, de sua liberdade e capacidade de criar. Somos, pois, dotados de forças interiores capazes de vencer os obstáculos da vida e fazer maravilhas.

Deus espera muito de nós. Por isso, Jesus Cristo, seu filho, disse:

Deveis ser perfeitos como vosso Pai Celeste é perfeito.

Mateus 5,48

> **Ler é gostoso**

Como você sairia dessa?

Conta-se que uma pessoa de um lugarejo foi encontrada morta. Imediatamente acusaram um judeu de ter sido o assassino. O homem foi preso e ficou desesperado, pois era inocente. Pediu então que trouxessem um rabino com quem pudesse conversar. E assim foi feito.

Ele falou ao rabino sobre a pena de morte que o aguardava. O religioso o acalmou e disse:

> **Rabino:** sacerdote do judaísmo, a religião do povo judaico.

— Em momento algum acredite que não há solução.

No dia do julgamento, o judeu sabia que tudo aquilo era uma enganação. O juiz, fingindo fazer justiça, disse:

— Já que você é uma pessoa de fé, Deus cuidará desta questão. Vou escrever num papelzinho a palavra "inocente" e, em outro, a palavra "culpado". Você escolherá um dos dois, e Deus decidirá o seu destino.

O judeu pensou: "A palavra 'culpado' está escrita nos dois pedaços de papel". Então, pegou um dos papeizinhos dobrados, colocou-o na boca e o engoliu. O juiz, surpreso, perguntou:

— Como vamos saber agora se você é culpado ou inocente?

— É simples — disse o judeu. — Basta olhar o que diz o outro papel e saberemos que escolhi o contrário.

O segredo judaico de resolução de problemas, de Nilton Bonder. Rio de Janeiro: Imago, 2010. p. 10-11.

💭 Brincando de filosofar

Faça durante uma semana o seguinte exercício: à noite, escreva o que você fez naquele dia que o incomodou depois. E reflita: por que fiz isso e aquilo? Poderia agir diferente? Como?

Esse exercício vai ajudá-lo a compreender melhor a si mesmo e a refletir mais antes de suas ações.

ATIVIDADES

IDEIAS EM AÇÃO

Com certeza, você já ouviu muitas vezes a expressão "foi sem querer". Com a orientação do professor, junte-se a um colega e dramatizem as situações abaixo.

- Você esbarrou em uma pessoa.
- Você pisou no pé de alguém.
- Você pegou a borracha do colega.
- Você esqueceu de dizer "oi".
- Você fechou a porta com estrondo.
- Você derramou suco na toalha.

Exemplos de respostas:

Ninguém é perfeito!
Desculpe! Foi sem querer.
Errar é humano.

Pensando juntos

1. Leia as frases a seguir e faça o que se pede.

a) Pinte o balão da frase de que você gostou mais.

b) Converse com um colega sobre as afirmações a seguir.

A capacidade de pensar é exclusiva dos seres humanos.

A filosofia existe para nos ensinar a pensar melhor.

Sábio é aquele que pensa antes de agir.

Ser sábio é aproveitar o hoje sem esquecer o amanhã nem desprezar o ontem.

Jaimie Duplass/Shutterstock/Glow Images

Trocando ideias

2. Leia com atenção a história e depois converse com o professor e os colegas.

> Um rei pediu a três sábios que construíssem um monumento para que o povo se lembrasse dele após sua morte. Assim surgiram três obras maravilhosas.
>
> O primeiro construiu uma linda pirâmide. Mas, com o passar do tempo, as areias do deserto a encobriram.
>
> O segundo construiu uma grande estátua de bronze. Porém os anos passaram e os sucessores do rei derreteram a estátua para fazer armas de guerra.
>
> O terceiro construiu uma grande fonte. Os viajantes que passavam por ali saciavam sua sede e se refrescavam com grande satisfação. Depois escreviam louvores e agradecimentos nas pedras ao redor da fonte, enaltecendo o fato de terem tido no passado um rei tão sábio, poderoso e bom, que lhes deixara tão preciosa fonte.
>
> Antiga lenda árabe

- Não há dúvida de que a terceira obra foi a mais sábia, não é? Mas por quê?

Vamos refletir?

3. Leia as frases abaixo, reflita sobre elas e depois faça o que se pede.
- Não deixe para amanhã o que você pode fazer hoje.
- Não peça aos outros o que você mesmo pode fazer.
- Não gaste o dinheiro que ainda não recebeu.
- Se está em dúvida, não tome decisões.
- Se está irritado, conte até dez antes de falar.
- Considere sempre o lado bom das coisas.

Circule o que melhor completa as frases a seguir.

a) Quem pratica os conselhos da página anterior é uma pessoa...

| sábia | sensata | tola | imprudente | especial |

b) Ponha isso em prática e você será também uma pessoa...

| sábia | sensata | tola | imprudente | especial |

4. Para completar as frases abaixo, é só escrever a primeira letra de cada desenho.

a) A expressão "foi sem querer" também significa _____
_____.

b) Pensar significa formar _____.

c) Atrás das ideias vêm as _____.

d) Decisões sábias são bem _____.

e) Por isso, antes de agir, _____!

CAPÍTULO 8

Para ser mais

Camila adora sonhar e fazer planos!

O que você mais deseja na vida atualmente?
De que você mais necessita no momento?
Quais sonhos você tem para o futuro?

Pessoas de todas as idades têm necessidades e sonhos. Crianças, jovens, adultos, idosos, todos sonham com algo, todos sentem falta de alguma coisa, todos gostariam de ser mais isso ou aquilo, todos desejam ser felizes.

A felicidade humana nunca é completa. Por isso, o desejo de ser mais leva as pessoas a buscar em um ser superior aquilo que lhes falta. Isso acontece independentemente de praticarem ou não uma religião.

Muitas pessoas buscam na religião uma forma de encontrar o caminho para serem melhores, mais bondosas, mais amigas, mais sábias, mais felizes.

Para muita gente, a religião ajuda a conhecer um pouco mais, a cada dia, o segredo da vida e da felicidade que se encontra nelas mesmas e em Deus.

> Ler é gostoso

As religiões

Todos os povos foram e são religiosos. Como disse Plutarco, um antigo estudioso grego, podemos achar povos sem uso de dinheiro, sem casas, sem escola, sem nenhuma organização política, mas nunca sem um deus ou deuses, sem práticas religiosas.

Atualmente existem muitas religiões em um mesmo país e até em uma mesma cidade. Você sabe quantas religiões existem no Brasil? Veja as principais.

> Cristianismo (dividido em várias igrejas)
> Espiritismo
> Judaísmo
> Islamismo
> Budismo
> Candomblé
> Umbanda

Em nosso país há liberdade religiosa, inclusive liberdade de não praticar religião nenhuma.

Praticantes de candomblé durante a Festa de Iemanjá em Cachoeira, na Bahia. Foto de 2014.

💭 Brincando de filosofar

O que a escritora Adélia Prado quis dizer com esta frase?

Para o desejo do meu coração o mar é uma gota.

Poesia reunida, de Adélia Prado. São Paulo: Siciliano, 2002. p. 188.

ATIVIDADES

Vamos refletir?

1. As pessoas têm sempre muitos e muitos desejos. Quando realizam um, já têm vários outros em mente. Quer ver?

a) Pense e responda:

- Onde você gostaria de estar agora? _____

- Com quem gostaria de estar? _____

- Onde gostaria de passar férias? _____

- O que deseja ganhar de aniversário? _____

- E de Natal? _____

- Qual cidade gostaria de conhecer? _____

b) O que você mais deseja quando está...

- com fome? _____

- com sede? _____

- com frio? _____

- com sono? _____

- com medo? _____

- sozinho? _____

- cansado? _____

- doente? _____

- triste? _____

2. Marque com um **X** os itens que tornam a frase verdadeira.

As pessoas...

☐ nunca estão completamente felizes.

☐ vivem satisfeitas com tudo.

☐ sempre sentem falta de alguma coisa.

☐ gostariam de ser mais e melhores.

☐ não se importam com a felicidade.

Trocando ideias

3. Converse com o professor e os colegas sobre estas questões.

- Só os seres humanos têm desejos infinitos?

- Animais e plantas têm desejos?

- As pessoas conseguem satisfazer o seu desejo de **ser mais**? Como?

Pensando juntos

4. Em duplas, consultem as palavras do quadro e identifiquem quais delas completam adequadamente as lacunas das frases.

| pessoas | superior | povo | realizar | Deus |
| desejos | ajuda | religião | melhor | |

- Alguns dos nossos anseios e desejos nós mesmos conseguimos _____.

- Muitas vezes, porém, precisamos da _____ de outras pessoas.

- Mas muitas pessoas acreditam que a realização completa só é possível com a ajuda de um ser _____.

- É o desejo de ser mais e _____ que nos leva a buscar _____.

- Essa busca por Deus leva muitas _____ a seguir uma _____.

5. Observem o desenho. Escrevam nos raios de sol os nomes de algumas religiões que existem no Brasil.

Religiões são caminhos diferentes, mas todas levam para o mesmo fim, a busca de Deus.

6. Você já percebeu como as pessoas chamam o nome de Deus no dia a dia?

a) Leia, observe e continue completando as frases.

- Queira Deus que o Pedro se recupere logo!

- Se Deus quiser, _____.

- Deus me livre, _____.

- Meu Deus! _____.

- Deus abençoe _____.

b) Deus está em nossas vidas muito mais do que imaginamos. Pinte os balões do que já foi dito, alguma vez, para você.

c) As pessoas, muitas vezes, falam assim espontaneamente. Isso prova a religiosidade que está no íntimo delas. Você concorda? Explique.

_____
_____
_____

Momento de oração

Escreva uma oração agradecendo a Deus por estar em sua vida.

_____
_____
_____
_____

Faça um desenho representando o seu texto.

OLHANDO MAIS LONGE

Imagine-se com 60 anos. Nessa longa caminhada, o que seria mais importante para você ter conseguido: riqueza? fama? Ou ter sido mais amigo, mais sábio, mais bondoso e mais feliz?

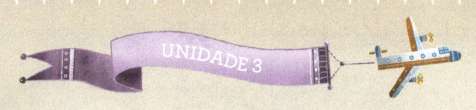

UNIDADE 3
DE MÃOS DADAS COM A NATUREZA

9. Os encantos da natureza
10. Odores e sabores
11. Bela, mas doente
12. Da natureza ao Criador

Lei moral: lei que nos ensina a praticar o bem.

Duas coisas me enchem a alma de admiração: acima de mim o céu estrelado e, dentro de mim, a lei moral.

Immanuel Kant, filósofo alemão (1724-1804)

CAPÍTULO 9

Os encantos da natureza

Os nossos olhos também precisam de alimento.

Mário Quintana

Árvores de ipê-roxo em floração na Estrada Parque Pantanal, Mato Grosso do Sul. Foto de 2010.

A beleza natural nos enriquece e nos oferece mais sentido à vida. Mas, para isso, precisamos aprender a ver e a sentir:
- as flores;
- os pássaros;
- o céu azul;
- o orvalho da manhã.

Essas belezas nos transmitem ternura, alegria, tranquilidade.

A natureza também nos oferece:
- a beleza das cores do arco-íris;
- o frescor das cachoeiras e dos rios;
- o vaivém dos peixes;
- a tranquilidade dos lagos e dos vales;
- a brisa do mar.

Diante do mistério das grutas e das florestas, da elegância das palmeiras, do esplendor do pôr do sol e de uma noite estrelada, experimentamos o desafio da vida e todo o seu fascínio.

Como são maravilhosas as tuas obras, Senhor!

Salmo 92(91),6

Ler é gostoso

O menino e o mar

Diego não conhecia o mar. O pai, Santiago Kovadloff, levou-o para que descobrisse o mar.

Viajaram para o Sul.

Ele, o mar, estava do outro lado das dunas altas, esperando.

Quando o menino e o pai enfim alcançaram aquelas alturas de areia, depois de muito caminhar, o mar estava na frente de seus olhos. E foi tanta a imensidão do mar, e tanto seu fulgor, que o menino ficou mudo de beleza.

E quando finalmente conseguiu falar, tremendo, gaguejando, pediu ao pai:

— Me ajuda a ver!

Fulgor: brilho.

O livro dos abraços, de Eduardo Galeano. Porto Alegre: L&PM, 2012. p. 15.

💭 Brincando de filosofar

Rafael, de quatro anos, estava em um parque de diversões. Ao sair de um brinquedo e antes de começar a brincar em outro, disse à mãe:

— Estou com vontade de chorar...

— Por quê? — quis saber a mãe. — O brinquedo é seguro. Não vai acontecer nada.

— Não, mãe, é porque estou muito feliz...

- Diego, diante do mar, e Rafael, no parque de diversões, fizeram uma grande descoberta. Este capítulo sobre a natureza lhe causou alguma descoberta? Qual? Por quê?

ATIVIDADES

Vamos refletir?

1. Complete o poema com as palavras do quadro. Depois, leia-o com atenção.

aurora	estrelas	noite	silêncio
Deus	riacho	sabiá	sol

Aproxima-te

Aproxima-te da ☐☐☐☐☐☐,
para ti nascerá o ☐☐☐.
Aproxima-te da ☐☐☐☐☐,
para ti nascerão as ☐☐☐☐☐☐☐☐.
Aproxima-te do ☐☐☐☐☐☐,
para ti cantará o ☐☐☐☐☐.
Aproxima-te do ☐☐☐☐☐☐☐☐,
e encontrarás ☐☐☐☐.

Aproxima-te, de L. Vahira. Em: *Pescador de pérolas*, de M. L. Ricciardi. São Paulo: Paulinas, 1988. p. 10.

2. Você já viu um jacatirão? Essa árvore, também chamada de quaresmeira, produz tantas flores quando floresce que quase não se veem suas folhas. Leia o poema a seguir e depois desenhe na página ao lado o jacatirão como você o imagina.

Jacatirão

Vestiu-se de branco e rosa,
para a festa.
Há concurso de beleza
na floresta.

Tarcísio Marchiori

3. Vamos pensar um pouco mais sobre a natureza?

a) De todas as maravilhas da criação, quais são as que você mais admira?

_____

_____

_____

b) Reescreva a mensagem a seguir, separando as palavras. Depois, releia a mensagem e reflita sobre ela.

O sol que brilha, as flores que desabrocham, as aves que gorjeiam, as fontes que murmuram... são presentes de Deus para nós.

_____

_____

_____

_____

Pensando juntos

4. Em duplas, leiam a tirinha e respondam às questões.

a) Como vocês podem colaborar para a preservação do verde e da vida?

_____
_____
_____
_____

b) Vocês já ouviram falar em **Greenpeace**? Pesquisem em jornais, revistas ou na internet.

- O que significa essa palavra?

_____

- O que é e o que faz?

_____
_____
_____
_____

5. Releia o texto "O menino e o mar" e depois faça o que se pede.

a) Escreva, contando para o Diego, como foi o seu primeiro encontro com o mar: que idade você tinha, como se sentiu e quem estava com você.

_____
_____
_____
_____
_____

b) Você costuma ir à praia? O que mais gosta de fazer quando está lá?

_____
_____
_____
_____

Momento de oração

Escreva aqui a frase do Salmo 92(91) (página 62) e desenhe em volta pequenas maravilhas da natureza.

_____
_____
_____
_____

CAPÍTULO 10

Odores e sabores

Encontramos na natureza muitas espécies de frutas, verduras, raízes e muitos outros alimentos de variadíssimos sabores e odores.

Banca de frutas no Mercado Municipal em Arapiraca, estado de Alagoas. Foto de 2012.

Você sabe apreciar o sabor de um morango madurinho?
E o caldo de cana num dia de muito calor?
E a jabuticaba apanhada diretamente no pé?
Você já pensou como a mesma terra produz frutas, verduras, flores e plantas tão diferentes? Isso é tão maravilhoso que só poderia ter sido concebido por alguém muito especial. Você sabe quem é?

A terra que o Senhor nos dá é uma terra boa.

Deuteronômio 1,25

Comer e saborear

Você sabe a diferença entre **comer** e **saborear**?

Todos nós comemos para sobreviver. Mas nem todos sabem saborear os alimentos.

Saborear é sentir o sabor, é apreciar o que se está comendo. É comer com tranquilidade, mastigando bem os alimentos, e não os engolindo de qualquer jeito e prestando atenção em alguma outra coisa, como o celular ou a televisão, por exemplo.

Como Diego, o menino que pediu ajuda ao pai para ver o mar, às vezes nós também precisamos de auxílio para apreciar os sabores e odores da natureza.

> **Ler é gostoso**

Cheiro de filho

> **Insosso:** sem graça; sem tempero.

Ontem, meu filho, você tinha cheiro de bebê.

Eu segurava você com força em meus braços com medo de deixá-lo cair.

Mas na verdade o que eu queria era fazer com que o seu cheiro pegasse em mim.

Às vezes você cheirava a cocô ou xixi...

Aí, confesso que procurava ficar bem longe até sua mãe contornar a situação.

Nesse tempo, seu beijo e seu abraço tinham sabor de brincadeira de criança. E nós brincávamos sem perceber que o tempo passava.

Você está crescendo, filhão! E pena que está esquecendo dos sabores da vida...

Você não me abraça mais, não me beija mais... Percebo que o sabor da nossa relação está meio insosso.

E amanhã, filho?

Imagino que você terá o cheiro do primeiro emprego, cheiro de dinheiro novo no bolso.

(Cheiro de cigarro e álcool nem pensar, hein!)

Mas cheiro de esperança, sim...

Esperança que você volte a me beijar e abraçar, que volte a ter cheiro de bebê, que nossa vida volte a ter sabor de brincadeira de criança, porque levar a vida muito a sério não vale a pena, meu filho!

Projeto Oficina do Saber Nova Esperança, de Joel Vando Vigano (educador e contador de histórias). Jornal *A notícia*, Joinville, ano 3, n. 27, out. 2004. p. 4. (Título nosso.)

Brincando de filosofar

A natureza nos presenteia com sabores e odores. O que é preciso fazer para aproveitá-los?

ATIVIDADES

Pensando juntos

1. Se você prestar atenção na natureza, ficará surpreso com a variedade de odores. Dialogando com um colega, escreva nos desenhos o nome de cada categoria sugerida.

2. Vamos criar uma ciranda de sabores? Em dupla, observem o quadro e circulem seus sabores preferidos. Depois, completem cada diagrama de acordo com as categorias.

Sabores	Frutas	Legumes e verduras
amargos	acerola	aspargo
azedos	amora	beterraba
ardidos	ameixa	cenoura
agridoces	goiaba	espinafre
doces	morango	pepino
salgados	pêssego	rabanete
	seriguela	repolho

Agridoce: azedo e doce ao mesmo tempo.

a) Os sabores dos alimentos são muito variados. Completem o diagrama, consultando o quadro acima. Depois, colem em volta os adesivos que combinam.

```
            S
            A
    S A B O R E S
            O
            R
            E
            S
```

b) As frutas são deliciosas aliadas da saúde. Preencham o diagrama com os nomes que estão no quadro acima. Depois, colem em volta os adesivos que combinam.

```
        S
        A
        B
        O
        R
        E
        S
```

c) Não deixem faltar legumes e verduras em seu cardápio! Pensem nisso enquanto preenchem o diagrama. Depois, colem em volta os adesivos que combinam.

					S				
					A				
					B				
					O				
					R				
					E				
					S				

Vamos refletir?

3. Pense e responda.

a) Você saboreia de fato suas refeições ou apenas come? Explique.

_____

_____

b) Circule o que você deve e pode fazer para saborear melhor o que está comendo.

> Comer devagar.
>
> Engolir de qualquer jeito.
>
> Concentrar-se.
>
> Comer depressa.
>
> Comentar os sabores.
>
> Elogiar quem preparou a refeição.
>
> Ver televisão enquanto come.
>
> Mastigar bem.
>
> Apreciar os cheiros.
>
> Observar as cores.
>
> Discutir problemas.

c) Quais são suas comidas preferidas?

_____

_____

73

Trocando ideias

4. Releia o texto "Cheiro de filho".

a) Copie uma frase que você achou bonita.

_____

_____

_____

b) Converse sobre isso com o professor e os colegas.

IDEIAS EM AÇÃO

Visite um jardim, uma horta ou uma praça da cidade.

a) Preste atenção na variedade de sons, cores e odores. Anote tudo para depois ler na sala, diante do professor e dos colegas.

_____

_____

_____

_____

b) Desenhe uma bela moldura para a frase a seguir.

> Obrigado, Senhor, pela variedade de odores e sabores da natureza!

Momento de oração

Obrigado, Senhor,
por este mundo tão variado e tão bonito!

CAPÍTULO 11

Bela, mas doente

A natureza está mal. O ar que respiramos, o solo em que pisamos e a água que bebemos vêm sendo agredidos há séculos pela humanidade.

Os rios, os mares, as florestas, os animais e nós mesmos estamos sofrendo as consequências da falta de cuidado com nossa casa comum.

A palavra "natureza", que se origina do verbo "nascer", designa todos os seres criados, incluindo o ser humano.

Os humanos surgiram na Terra muito tempo depois dos rios, dos mares, das montanhas, das florestas e dos animais de várias espécies. Durante milhares de anos, houve harmonia entre o ser humano e o meio ambiente. Os primeiros habitantes da Terra viviam da pesca, da caça e da coleta de frutas e raízes de plantas.

Os primeiros instrumentos utilizados pelos seres humanos foram lascas de pedra. Com o tempo, aprenderam a fazer fogo e a polir as pedras; desenvolveram práticas como a agricultura e a criação de animais; e alguns grupos elaboraram instrumentos de ferro. E assim, de descoberta em descoberta, começaram a interferir na natureza. Derrubavam árvores, faziam canoas, fabricavam armas para abater animais e guerrear contra inimigos. A roda, inventada há milhares de anos, foi uma grande utilidade para a época, como é ainda hoje. Você já imaginou a vida sem a roda?

Polir: alisar; dar brilho.

Rio Tietê poluído na margem da cidade de Pirapora do Bom Jesus, no interior do estado de São Paulo. Foto de 2012.

Alguns povos inventaram a escrita, passando a expressar e registrar aspectos de seu cotidiano e de suas experiências por meio dela. Começaram a formar vilas e cidades, construíram estradas, casas, monumentos, templos, pirâmides.

Muitos séculos depois, a humanidade chegou à época das grandes descobertas e invenções: o papel, a imprensa, a máquina a vapor, o trem, o navio, o tear mecânico, a eletricidade, o petróleo, o cinema, o automóvel, o rádio, o telefone, o avião, a televisão, o foguete que chegou à Lua, o computador, a internet, o celular e muito mais.

Tear: máquina que produz tecidos, tapetes, etc.

Tudo isso seria maravilhoso:
- se houvesse respeito pela natureza;
- se os seres humanos não tivessem derrubado grande parte das florestas;
- se não tivessem poluído os rios, os mares e o ar;
- se não tivessem exterminado grande parte das espécies de plantas e animais;
- se houvesse respeito e amor do ser humano por sua própria espécie.

Ver com o coração

Apesar das fantásticas descobertas e invenções científicas e tecnológicas, os seres humanos ainda não aprenderam a lidar com a natureza. Desenvolveram a inteligência e a criatividade, mas não cultivaram suficientemente as emoções, os sentimentos, os afetos, a ternura.

Os antigos localizavam no coração a fonte dessas qualidades. A palavra "coração" vem do latim *cor* ou *cordis*. De "coração" derivam as palavras "cordial" e "cordialidade". Cordialidade é a qualidade de quem é cordial: amoroso, afetuoso, compreensivo e sensível às necessidades dos outros.

O ser humano deve ver e interpretar o mundo pela inteligência e pelo coração. É importante aprender matemática, ciências, informática, mas isso não basta. Quem não desenvolve as qualidades do coração é uma pessoa humanamente deficiente. E, sem dúvida, não é feliz.

A cordialidade é a base das relações entre as pessoas e das relações que elas têm com a natureza. É por falta de cordialidade que temos guerras, destruição da natureza, injustiça social, fome e miséria. É preciso olhar a natureza e as pessoas com o olhar do coração.

De que adianta ter olhos se o coração está cego?

O enigma do iluminado, de Anthony de Mello. São Paulo: Loyola, 1996. v. 1. p. 68.

> **Ler é gostoso**

A terra é sagrada

Em 1854, o presidente dos Estados Unidos fez a um povo indígena a proposta de comprar grande parte de suas terras. O cacique Seattle escreveu-lhe uma carta que se tornou um documento importante na defesa do meio ambiente. Leia o trecho a seguir.

"Como é que se pode comprar ou vender o céu, o calor da terra? Essa ideia nos parece estranha. Nós não somos donos do frescor do ar e do brilho da água. Como é possível comprá-los de nós?

Somos parte da terra e ela faz parte de nós. As flores perfumadas são nossas irmãs; o cervo, o cavalo, a grande águia são nossos irmãos. Os picos rochosos, os sulcos úmidos nas campinas, o calor do corpo do potro e o homem — todos pertencem à mesma família."

Elaborado com base em texto de domínio público distribuído pela "Organização das Nações Unidas (ONU). (Título nosso.)

Tudo quanto fere a terra fere também os filhos da terra.

Cacique Seattle

Cervo: veado.
Sulco: buraco deixado na terra pelo arado.
Potro: filhote de cavalo.

Brincando de filosofar

Observe o quadrinho.
Esse quadrinho tem alguma relação com o tema do capítulo? Explique.

ATIVIDADES

Trocando ideias

1. Converse com o professor e os colegas sobre as questões a seguir.

    a) A natureza está doente, sim! Ela sofre de vários males. Você concorda?

    b) Quais são as principais doenças da natureza?

    c) Quem é o principal culpado das doenças da natureza? Por quê?

    d) O que você pode fazer para não piorar as doenças da natureza?

2. A estudante Lucimara sugere que todos se deem as mãos em defesa do planeta. Observe o desenho feito por ela.

Desenho de Lucimara Gonçalves, estudante de Joinville, estado de Santa Catarina.

a) O que você acha dessa ideia? Comente.

_____

_____

b) De que maneira você pode ajudar o planeta Terra?

_____

_____

Pensando juntos

3. Em dupla, pesquisem no texto do início do capítulo para responder às questões a seguir.

a) O ser humano faz descobertas e invenções científicas e tecnológicas maravilhosas. Mas tem um lado ruim nisso tudo. Expliquem por quê.

_____

_____

_____

_____

b) O que é ser cordial?

_____

_____

_____

c) De onde vêm as palavras "cordial" e "cordialidade"? Responda e faça desenhos no espaço abaixo.

d) Observe os corações abaixo.

- Em um deles, escreva a última frase do texto "Ver com o coração", da página 76.
- No outro, escreva a frase de Anthony de Mello, que está logo após esse mesmo texto.

4. Coração e inteligência devem andar sempre juntos.

a) Em sua opinião, como se explica que há tantas pessoas sem casa, sem comida, sem saúde e sem cultura?

_____

_____

b) Essas pessoas, em sua opinião, podem ser felizes? Comente.

_____

_____

Vamos refletir?

5. Leia a frase bíblica a seguir e pense a respeito dela. Depois, faça o que se pede.

Deus disse: "Tirarei de vocês o coração de pedra e lhes darei um coração de carne".

Ezequiel 36,26

a) Ligue cada coração a suas características.

- Bondoso
- Insensível
- Duro
- Compreensivo
- Amoroso
- Egoísta
- Generoso
- Maldoso
- Sensível

b) Para pensar: o seu coração se parece mais com o coração de pedra ou com o coração de carne?

Momento de oração

Observe a imagem e leia a legenda.

Não é incrível? O tronco, mesmo ferido, surpreendeu a todos ao brotar de novo e alegrar o ambiente com suas flores.

Escreva uma oração, agradecendo a admirável força de vida que fez o tronco brotar de novo, apesar de tudo.

Há vinte anos um tronco de ipê-amarelo foi cortado e transformado em poste. Para a surpresa de todos, lançou raízes e continua florescendo até hoje, na rua Jatuarana, no bairro Cohab Floresta, em Porto Velho (RO).

Diálogo – Revista de Ensino Religioso, São Paulo: Paulinas, n. 60, out./dez. 2010, p. 10.

CAPÍTULO 12

Da natureza ao Criador

Turista no Cânion Fortaleza, Parque Nacional da Serra Geral, em Cambará do Sul, estado do Rio Grande do Sul. Foto de 2014.

Antes de aprender a ler, você via os letreiros, os jornais, os livros e a internet e não sabia interpretar o que estava escrito. Agora, você já sabe ler. Mas não basta saber ler palavras e frases. Também precisamos aprender a ler a natureza.

Muito antes de inventarem a escrita, os seres humanos já tentavam ler a natureza, isto é, procuravam interpretar seus sinais. A imensidão dos oceanos, o Sol, a Lua, as estrelas, os relâmpagos e os trovões os deixavam fascinados e temerosos.

Com o tempo, os seres humanos passaram a conhecer melhor os elementos naturais. Descobriram, por exemplo, que aquelas luzinhas tremeluzentes que vemos no céu à noite são, na verdade, imensas – menores, iguais ou maiores que o Sol.

Hoje, a humanidade vasculha não só a imensidão do universo, mas também as minúsculas partículas da matéria. E, quanto mais conhece, mais se dá conta de que é muito difícil explicar a natureza sem admitir que ela é obra de um ser superior, com infinita sabedoria.

Albert Einstein, um dos maiores gênios da humanidade, disse:

> *Sem Deus, o universo não é explicável satisfatoriamente.*

Tremeluzente: cintilante.
Vasculhar: investigar, examinar com detalhe, minuciosamente.
Albert Einstein: (1879-1955) cientista alemão, naturalizado norte-americano.

A consciência moral

Talvez a maior prova da existência de Deus seja a existência do próprio ser humano, com características que o tornam semelhante e, ao mesmo tempo, diferente dos demais seres da Terra. As pessoas têm características iguais às de outros animais, mas só elas são capazes de pensar, de refletir, de fazer perguntas, de criar.

Só o ser humano traz dentro de si uma "bússola" que aponta sempre para o bem: a consciência moral. Ela nos sugere fazer o bem e evitar o mal. Em geral, o mal causa remorso, e o bem produz alegria.

Bússola: instrumento de orientação dotado de uma agulha que aponta sempre para o Norte. Usada principalmente por aviadores e marinheiros, indica a direção a tomar.

O amor

Nada nos aproxima mais de Deus do que a prática do amor. Quem aprendeu a amar, e ama, aos poucos vai descobrindo Deus.

João, um dos apóstolos de Jesus, foi quem melhor definiu Deus:

Deus é amor.
1 João 4,8

O que nos convence da existência de Deus não é apenas o fato de ser o criador do universo, mas o fato de ser o Pai bondoso que nos enxuga as lágrimas, nos embala em seus braços e nos enche o coração de alegria.

Muitos são os caminhos que nos levam a Deus. Mas é preciso ter os olhos abertos e o coração limpo para encontrá-lo.

Ler é gostoso

Olhar e ver

Numa manhã, duas irmãs saíram para passear juntas por caminhos novos e bonitos.

Na volta, o pai lhes perguntou o que tinham visto durante o passeio.

— Nada vi — respondeu a primeira.

— Não tenho palavras para dizer tudo o que vi e ouvi — disse a segunda. — Encontrei no caminho riachos, lindas borboletas e flores, pássaros cantando, folhas a farfalhar agitadas pelas brisas amenas e mil outras belezas indescritíveis.

Que irmãs diferentes! Uma era só emoção pelas maravilhas vistas, enquanto a outra se mostrava indiferente aos encantos da natureza.

Lendas do céu e da terra, de Malba Tahan. Rio de Janeiro: Record, 1995. p. 45.

Farfalhar: produzir uma mistura de sons ou ruídos, como os que fazem as folhas de árvore balançadas pelo vento.

Brincando de filosofar

- As duas irmãs do texto acima passaram pelas mesmas paisagens, mas só uma **viu** as maravilhas da natureza; a outra **olhou**, mas não viu nada. Você percebe a diferença entre OLHAR e VER?
- Quantas vezes você olhou, mas não viu os sinais de Deus?

ATIVIDADES

1. Decifre as mensagens escondidas nesta escrita misteriosa. Para isso, escreva tudo de trás para a frente e leia.

a) .azerutan a rel mébmat osicerp É .sesarf e sarvalap rel atsab oãN

_____

_____

b) !rohneS ,sarbo saut as sasoremun oãs omoC
Salmo 104,24

_____

_____

Pensando juntos

2. O que significa "ler a natureza"? Em duplas, desenrolem a fita e escrevam a resposta.

_____

_____

_____

3. Ligue a frase abaixo às características do ser humano que a completam de forma verdadeira.

Só o ser humano é capaz de...

- ler e escrever.
- emitir sons.
- refletir sobre si mesmo.
- fazer perguntas.
- caminhar.
- viver em comunidade.
- fazer planos para o futuro.

Trocando ideias

4. Quem sou eu? Para descobrir, leia as dicas com atenção e discuta com a turma.

a) Sou como a bússola que aponta sempre na direção certa. Oriento a fazer o bem e a evitar o mal. Sou uma voz no íntimo de cada pessoa.

- Eu sou a: _____

b) Produzo o bem-estar que resulta da prática do bem. Sou a recompensa para quem faz o bem e evita o mal.

- Eu sou a: _____.

c) Provoco uma sensação ruim. Sou um desconforto para quem pratica o mal.

- Eu sou o: _____.

d) Sou a essência da vida humana. Represento o que há de melhor nas pessoas e aproximo-as de Deus.

- Eu sou o: _____.

Vamos refletir?

5. Leia, pense e assinale.

Você já viu de perto...

- ... os desenhos na asa de uma borboleta?

  ☐ Sim ☐ Não

- ... as pétalas macias de uma flor?

  ☐ Sim ☐ Não

- ... a variedade de cores em um jardim?

  ☐ Sim ☐ Não

- ... o aconchego em um ninho de passarinhos?

  ☐ Sim ☐ Não

6. Complete as lacunas com a ajuda do que está entre parênteses.

- Tudo isso e muitas outras coisas que você vê e admira fazem pensar

  no _____ (dor a Cri).

- Ele é o grande _____ (tis ar ta),

  o super _____ (ro so de po),

  o mestre do _____ (so ver ni u),

  o verdadeiro e melhor _____ (mi a go).

- Ele merece todo o nosso _____ (to pei res),

  todo o nosso _____ (nho ri ca),

  todo o nosso _____ (m o r a).

Momento de oração

Senhor, obrigado pela minha vida!
Quero crescer percebendo a tua presença em todos e em tudo o que criaste. Amém!

OLHANDO MAIS LONGE

Jardim com crucifixo, 1911-1912, óleo sobre tela do artista austríaco Gustav Klimt.

Você é capaz de relacionar a cena representada no quadro acima ao que estudou nesta unidade?

UNIDADE 4

DEUS: AQUELE QUE NOS ENSINA A CONVIVER

13. Com açúcar e com afeto
14. Cuidado com os boatos
15. Eu e o outro
16. O Grilo Falante

De mãos dadas, a gente muda.

Ninguém consegue ser feliz sozinho. Dependemos uns dos outros, a começar pela família. Depois, precisamos de uma escola com professores, colegas e pessoas que cuidem dela.

Dependemos também do prefeito da cidade, e assim por diante. Nossa felicidade depende de como nos relacionamos com os outros e de como os outros se relacionam conosco.

CAPÍTULO 13

Com açúcar e com afeto

Você gosta de doce? Na convivência social, o açúcar é associado às pessoas bondosas: "Que doçura de pessoa!", a gente diz.

As pessoas bondosas são doces e amáveis. Você conhece alguém assim?

As pessoas bondosas atraem os outros. Todo mundo gosta de conviver com gente amável, não é mesmo?

Seja no ambiente familiar, escolar ou social, as pessoas bondosas conseguem conviver melhor com as outras. É mais fácil colaborar com uma pessoa amável do que com uma pessoa amarga.

Mas ser bom não significa ser fraco, covarde ou bobo. Bondade supõe justiça. Você pode ser uma pessoa amável, terna e, ao mesmo tempo, rigorosa com as injustiças.

Ler é gostoso

Pensamentos

Uma amizade pode ser feita
por meio de raiva e de brigas,
de inveja e competição?
Acredito que não.
Somente a afeição nos traz
grandes amigos.
Dalai Lama

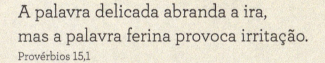

A palavra delicada abranda a ira,
mas a palavra ferina provoca irritação.
Provérbios 15,1

As palavras amáveis são um favo de mel:
doce ao paladar, salutar ao corpo.
Provérbios 16,24

Quem controla sua ira vale mais que um herói;
quem é dono de si próprio vale mais que
um conquistador de cidade.
Provérbios 16,32

Brincando de filosofar

Pense e responda: o provérbio acima afirma que "quem controla sua ira vale mais que um herói". Você concorda? Por quê?

ATIVIDADES

Vamos refletir?

1. Nos livros sagrados há muitas recomendações sobre a **bondade**.

a) Leia este pensamento, que se encontra na Bíblia e faça uma bonita moldura nele.

> As palavras amáveis são um favo de mel:
> doce ao paladar, salutar ao corpo.
> Provérbios 16,24

b) Que palavras bondosas você pode dizer:

- a uma criança que chora porque derrubou o sorvete no chão?
  _____
  _____

- a um colega que está preocupado porque não entendeu a lição de casa?
  _____
  _____

- à sua prima, que está chateada porque perdeu no jogo de vôlei da escola?
  _____
  _____

2. Observe a Mafalda e seus amigos refletindo. Reflita você também.

Mafalda 4, de Quino. São Paulo: Martins Fontes, 2010. p. 103.

Fazer favores também é **fazer o bem**.

- Você costuma fazer favores? A quem?

_____

_____

- Conte um favor que você fez e que causou alegria a você e à outra pessoa.

_____

_____

Pensando juntos

3. É preciso que algumas palavras "cresçam" e outras "desapareçam". Você concorda? Junte-se a um colega e pensem em:

- palavras que deveriam "crescer":

_____

_____

- palavras que deveriam "desaparecer":

_____

_____

93

4. Vocês sabiam que um gesto de amor vale mais que mil palavras? Leiam as histórias a seguir, pensem e depois façam o que se pede.

> Um homem passou o dia no escritório, trabalhando. Nervoso, por ter ainda muito trabalho a fazer, ouviu umas batidinhas na porta.
> Era seu filho de cinco anos:
> — Posso entrar, papai?
> — Sim, filho. O que você quer?
> — Nada, papai! Só quero ficar um pouquinho com você!
> E, depois de abraçar o pai, foi sentar-se quietinho, observando-o trabalhar.

> A pequena Laura voltou da casa da vizinha, que havia perdido a filha em um acidente.
> — Por que você foi lá? — perguntou o pai.
> — Eu fui consolar a mãe da menina!
> — E o que você fez para consolá-la?
> — Eu dei um abraço nela e a ajudei a chorar...

- De qual das histórias vocês gostaram mais? Comentem.

_____

_____

- Que tal fazer um desenho para ilustrar a história escolhida?

Vamos refletir?

5. Releia a tirinha do Calvin, no início do capítulo.

a) Que gesto de amor o Calvin queria fazer para sua mãe, que estava doente?

b) Que gestos de amor você pode fazer para quem cuida de você todos os dias?

6. Para terminar este capítulo, leia a tirinha e pense sobre isso.

Mig & Meg em Tirinhas – Coleção 2, de Márcia M. d'Haese. Curitiba: ARCO – Arte e Comunicação, 2001. p. 8.

Momento de oração

Senhor, ajuda-me a ser feliz!
E que o meu jeito de viver
ajude as outras pessoas
a serem mais felizes também.

CAPÍTULO 14

Cuidado com os boatos

Boatos são como plumas ao vento.

Quanto tempo você acha que vai ser preciso para recolher essas plumas? Será que vai ser possível recolher todas elas?

Os boatos são semelhantes às plumas espalhadas pelo vento. Alguém inventa uma mentira sobre uma pessoa e conta-a para outra, que a transmite adiante, e assim a mentira se espalha como fogo em palha seca.

Atualmente, os boatos ou difamações são também transmitidos pela internet. Em pouco tempo, a mentira atinge milhões de pessoas.

Difamar é tirar a boa fama de alguém. A difamação, ou calúnia, destrói as pessoas, porque tira o que elas têm de mais precioso: a sua honra.

Nos escritos sagrados de quase todas as religiões, a difamação é condenada. O Alcorão (livro sagrado dos islamitas, também conhecidos como muçulmanos), por exemplo, faz uma ameaça aos difamadores:

Ai dos caluniadores!
Alcorão 104,1

A Bíblia, livro sagrado do judaísmo e do cristianismo, diz:

Não prestarás testemunho mentiroso contra teu próximo.
Êxodo 20,16

> Ler é gostoso

A língua

Antigamente, havia um escravo famoso por sua sabedoria. Um dia seu senhor quis testá-lo e lhe perguntou qual era a coisa mais preciosa do mundo.

— A língua — disse o escravo. — A língua é o que há de mais precioso. Ela é o órgão do carinho, da ternura, do amor, da compreensão. Com a língua, dizemos "mãe", "pai", "amigo", "saudade", "eu te amo!".

— Muito bem — disse o senhor —, agora me diz qual é a coisa mais perniciosa do mundo.

— A língua — respondeu o sábio escravo.

Pernicioso: que faz mal; nocivo.

— A língua de novo? — estranhou o patrão. — Estás brincando comigo? Queres levar umas chicotadas?

— Não, meu senhor, é a língua mesmo. Ela é o órgão da mentira, das brigas, fofocas, difamações, boatos. Com a língua, dizemos "eu te odeio!".

História tradicional reescrita pelos autores.

Brincando de filosofar

Pense e responda: o difamador é um ladrão? Por quê?

ATIVIDADES

Vamos refletir?

1. Boato e calúnia são coisas muito sérias! Podem ter consequências graves para a pessoa atingida. Pinte um quadrinho sim e outro não e descubra algumas dessas consequências. Comece pintando o primeiro quadrinho. Reflita sobre elas, e escreva-as no espaço abaixo. Depois, cole o adesivo sobre esse assunto que está na última página do livro.

| PER | PE | DER | MO | OS | RI | A | TO | MI | FO | GOS |

| SER | MI | CAS | RE | TI | FA | GA | NIS | DO | ME | SEM | DI | RA | JU | ZÃO |

| SER | XU | EX | ME | PUL | GO | SO | BI | DA | RO | ES | GA | CO | PI | LA |

| SER | LA | DES | RE | PRE | SO | ZA | NI | DO |

| PER | DA | DER | MI | O | LE | EM | PI | PRE | MAR | GO |

_____

_____

_____

_____

2. Diante das situações abaixo, observe o que diz uma língua maldosa e escreva o que você poderia dizer.

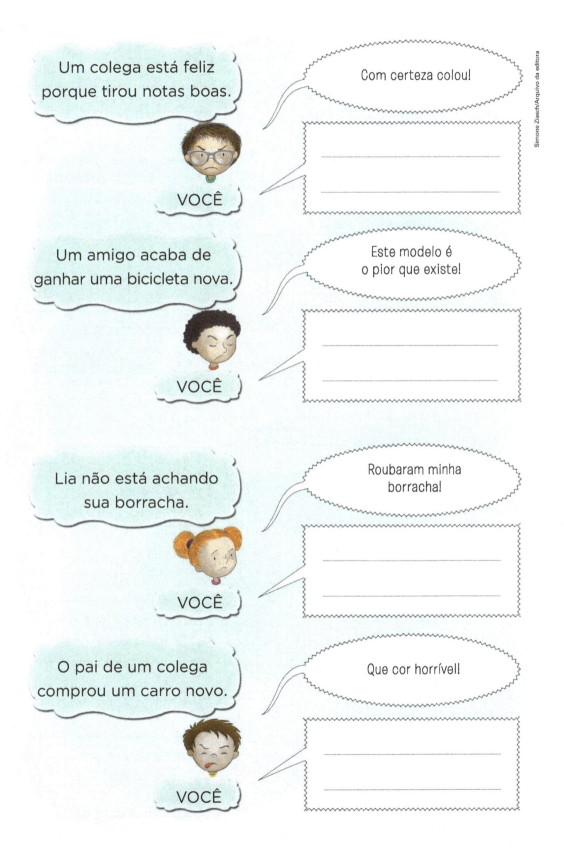

Pensando juntos

3. Com seu colega do lado, descubram as partes que combinam e liguem-nas.

- Há pessoas que usam a língua
- Falar bondosamente
- Cura-se a ferida que uma espada faz,
- Mais vale um silêncio prudente
- Quando se zangar, feche a
- Não é forte quem domina os outros;

boca e abra os olhos.
(Ives Vaet)

que uma verdade pouco caridosa.
(Francisco de Sales)

como espada.
(Provérbios 12,18)

forte é quem domina sua raiva.
(Lao Tsé)

não machuca a língua.
(provérbio francês)

mas a que uma língua faz é incurável.
(provérbio árabe)

Ilustrações: Fábio Sgroi/Arquivo da editora

4. Em relação aos boatos, é melhor adotar um comportamento assim:

> Não vi!   Não ouvi!   Não falo!

- Vocês concordam?
- Que outras sugestões vocês dariam?

5. Comentem e assinalem o provérbio que combina com a atividade anterior.

☐ Quem tudo quer tudo perde. (provérbio espanhol)

☐ Vê, ouve e cala se queres viver em paz. (provérbio indiano)

☐ Saber não ocupa lugar. (provérbio latino)

IDEIAS EM AÇÃO

Que tal fazer um belo trabalho antifofoca? Sob a orientação do professor, formem grupos e mãos à obra! Escrevam as frases abaixo em folhas de papel e espalhem-nas pelas paredes da escola.

- Quem fala mal dos outros separa os melhores amigos.
- Se você não puder falar nada de bom, é melhor nem falar.
- Há tempo de falar e tempo de calar.
- Que nossas palavras sempre promovam paz e união.
- Que maravilha se os boatos espalhassem só coisas boas!
- A palavra é de prata, o silêncio é de ouro.
- Não repita boatos e você não perderá nada.

CAPÍTULO 15

Eu e o outro

O amor une e faz a força.

Quando existe amor entre duas pessoas, juntas elas se tornam mais fortes do que se estivessem sozinhas.

Mas o que é amar? Amar é querer para os outros todo o bem que queremos para nós mesmos.

Confúcio, um sábio chinês que viveu muito antes de Jesus, disse:

> *O que vocês não querem que lhes façam, não o façam aos outros.*
> Analectos 15,23

Analectos: livro principal da doutrina de Confúcio (551 a.C.-479 a.C.), cujas ideias e ensinamentos predominaram na China por mais de dois mil anos.

Jesus Cristo, em seu tempo, também disse:

> *Tudo aquilo que vocês querem que os outros lhes façam, façam vocês também a eles.*
> Mateus 7,12

Ler é gostoso

Cinco escolhas

Você não quer que falem mal de você?
Então, não fale mal de ninguém.

Você não gosta que lhe ponham apelido?
Ou você não gosta que lhe ponham
 apelido feio?
Então, não ponha apelido nos outros.

Você não quer ser humilhado?
Então, não humilhe os outros.

Você não gosta de ser roubado?
Então, não roube os outros.

Você gosta de ser elogiado e valorizado?
Então, elogie e valorize quem merece.

Brincando de filosofar

Escolha o pensamento de que você mais gostou neste capítulo. Depois, justifique sua opção.

ATIVIDADES

Vamos refletir?

1. Pense e responda **SIM** ou **NÃO**.

a) Quem é o "outro" para você?

- O colega de aula? _____
- Seu vizinho ou vizinha? _____
- Seu pai? _____
- Sua mãe? _____
- Seu irmão ou irmã? _____
- O professor ou professora? _____
- Todos esses? _____
- E quem mais? _____

b) Para os outros, o "outro" é você, sabia? Escreva o nome de algumas pessoas para as quais você é o "outro".

_____

_____

2. Escolha uma das frases abaixo para ser o seu lema. Marque com um **X** sua frase favorita e pratique-a sempre.

Meu lema é:

- Ajudar alguém a ficar contente.
- Fazer o bem sem olhar a quem.
- Descobrir a maior alegria do mundo dando alegria aos outros.

3. Você já ouviu falar em **empatia**? É a capacidade de se colocar no lugar do outro e entender o que ele sente. Jesus Cristo e Confúcio deixaram ensinamentos sobre isso. Procure no final do texto que abre o capítulo e escreva-os aqui.

- Em Analectos 15,23, Confúcio falou assim:

  _____

  _____

- Em Mateus 7,12, Jesus disse:

  _____

  _____

4. Agora, pense e complete as frases a seguir.

Na prática, esses ensinamentos significam que:

- se nós queremos ser respeitados, devemos _____.
- se gostamos de ser elogiados, devemos _____.
- se queremos ser compreendidos, devemos _____.
- se esperamos ser ajudados, devemos _____.
- se gostamos de ser perdoados, devemos _____.
- se queremos ser amados, devemos _____.

5. Leia este anúncio.

> **PRECISA-SE** de alguém que ajude os outros a ficar contentes!

Você pode ser esse "alguém", sabia? O que você escolhe fazer para dar alegria aos outros? Circule suas respostas no quadro.

sorrir	cumprimentar	ajudar	agradecer
ser gentil	tratar bem	fazer favores	
fazer companhia	fazer visitas	respeitar	

6. Leia atentamente a tirinha e depois responda às questões.

Mig & Meg em Tirinhas – Coleção 2, de Márcia M. d'Haese. Curitiba: ARCO – Arte e Comunicação, 2001. p. 15.

a) O que o vaga-lume fez para mostrar a bondade a seu amigo?

___

___

b) Você já fez algo parecido alguma vez? Conte como foi.

___

___

___

Momento de oração

Concentre-se e leia com atenção. Depois, faça um desenho para enfeitar sua oração.

Onde houver tristeza, que eu leve a alegria.
Onde houver ofensas, que eu leve o perdão.

CAPÍTULO 16

O Grilo Falante

O escritor italiano Carlo Collodi escreveu "As aventuras de Pinóquio". Talvez você já tenha lido o livro ou assistido ao filme. Mesmo assim, vamos relembrar as principais personagens.

A história começa com o marceneiro Gepeto. Como vive sozinho, resolve criar um boneco para lhe fazer companhia, o Pinóquio.

Pinóquio anda, fala e até se mete em confusões. E mente muito. Mas tem um sonho: tornar-se um menino de verdade. Para conseguir isso, ele é ajudado pelo Grilo Falante, que lhe ensina a distinguir o certo do errado. Mas como Pinóquio tem "cabeça de pau", raramente obedece à voz do Grilo Falante e sofre as consequências de suas trapalhadas.

Ao contrário de Pinóquio, nós temos consciência, uma espécie de voz interior que aos poucos vai nos ensinando o que é certo e o que é errado. Quando não obedecemos a essa voz interior, ficamos tristes, às vezes até com remorso.

Mas tem gente que já desobedeceu tanto à voz da consciência que parece não ouvi-la mais. Aí não se preocupa em fazer o bem. Só quer levar vantagem em tudo e enganar os outros.

Mentira tem perna curta.

Simone Ziasch/Arquivo da editora

E o Grilo Falante? Você também tem seus "grilos falantes", sabia? Quando seus pais e professores dizem como você deve se comportar, eles são seus "grilos falantes": querem que você seja uma criança com boas qualidades e feliz.

Você costuma obedecer à voz da sua consciência?

O exame de consciência nos ajuda a não repetir amanhã as falhas que cometemos hoje.

> **Ler é gostoso**

A nossa bússola

Os navegantes ficaram contentíssimos com a invenção da bússola. Sabe por quê? Porque com ela é mais fácil navegar a imensidão dos mares, sem perigo de errar o caminho.

Nós também temos uma bússola que nos indica o caminho da felicidade. Nossa bússola chama-se consciência. Ela é como uma mãe bondosa que quer ver seus filhos felizes. Às vezes, ela nos diz "sim"; outras vezes, nos diz "não". Ora nos repreende, deixando-nos tristes, ora nos elogia, deixando-nos alegres.

Brincando de filosofar

Ao fim de cada dia, é bom fazer um "exame de consciência" para saber se conseguimos ouvir nosso "grilo falante". Você concorda? Por quê?

ATIVIDADES

Pensando juntos

1. Pense, converse com seu colega do lado e coloquem as letras.

O que é, o que é:

- uma voz interior que nos elogia quando agimos bem e nos adverte quando agimos mal?

- uma lei gravada por Deus no coração das pessoas; se todos a seguissem, não haveria necessidade de tantas leis escritas?

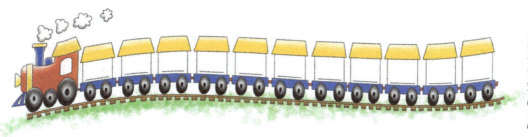

2. Circulem no quadro uma letra sim, outra não e depois completem as frases. Comecem circulando a primeira letra.

É	S	O	E	E	N	X	T	A	I	M	M	E
E	D	N	E	T	C	O	O	D	N	E	S	R
C	E	I	M	Ê	O	N	R	C	S	I	O	A

a) Letras circuladas:

O ato de refletir sobre nossas ações para não repetir as mesmas falhas _____

b) Letras não circuladas:

O sentimento de culpa e de arrependimento por ter praticado alguma ação ruim _____

109

3. Completem as lacunas e, com as mesmas palavras, preencham a cruzadinha.

a) Assim como na _____ a agulha está sempre voltada para o Norte, nossa _____ está sempre voltada para o _____.

b) A bússola orienta os _____ nas viagens em alto-mar, e a consciência orienta as pessoas na _____ de suas _____.

Trocando ideias

4. Você já viu um farol no mar? É uma torre, geralmente situada em uma ilha, com uma luz especial no alto para orientar os navegadores. O poeta francês Victor Hugo dizia que cada pessoa tem o seu farol: a **consciência**.

Assinale com um **X** as alternativas que completam corretamente a frase.

A consciência é o nosso farol porque:

- [ ] serve de guia para nossos atos.
- [ ] nos manda fazer apenas o que os outros fazem.
- [ ] nos alerta do perigo de maus comportamentos.
- [ ] nos incentiva a seguir o caminho do bem.
- [ ] torna nossa vida mais cômoda.
- [ ] nos dá segurança no modo de agir.
- [ ] nos torna melhores do que os outros.
- [ ] ajuda a nos aproximar de Deus.

5. Depois de conversar com o professor e os colegas, responda:

Nossa voz interior nos diz o que é certo fazer, mas não nos obriga a fazê-lo. Por quê?

_____
_____
_____

Vamos refletir?

6. Que tal verificar como está a sua consciência? Leia o teste, assinale as respostas e, depois, confira o gabarito.

	SIM	NÃO	NÃO SEI
1. Você recebeu troco a mais no supermercado. Você devolve o dinheiro ao caixa?			
2. O lindo apontador do seu amigo foi parar no seu estojo. Você se apressa em devolvê-lo?			
3. Um colega foi culpado por uma coisa que você fez. Você diz que a culpa é sua?			
4. Um amigo o convida para ir ao *shopping* na hora de ir à escola. Você agradece, mas diz que não pode acompanhá-lo e vai à escola?			
5. Sua mãe esqueceu dinheiro na estante da cozinha. Você entrega o dinheiro a ela?			
6. Você achou uma carteira com dinheiro e documentos. Você procura devolvê-la ao dono?			
7. Você vê uma nota de cinquenta reais no chão da casa de seu vizinho. Você avisa o dono?			
8. Você quebrou um belo vaso de sua mãe. E agora? Você assume a responsabilidade?			
TOTAL			

Ilustrações: Fábio Sgroi/Arquivo da editora

Gabarito:
Sim: 10 pontos
Não: 0 ponto
Não sei: 5 pontos
De 70 a 80 pontos: Parabéns! Você tem a consciência tranquila.
De 50 a 65 pontos: Atenção! Faça um bom exame de consciência.
Abaixo de 50 pontos: Cuidado! Você precisa pensar melhor.

Momento de oração

Ajuda-me, Senhor Deus, a oferecer sempre o melhor de mim para as pessoas. É assim que desejo crescer. Dá-me a tua bênção, por favor. Amém!

ÚLTIMA MENSAGEM DO ANO

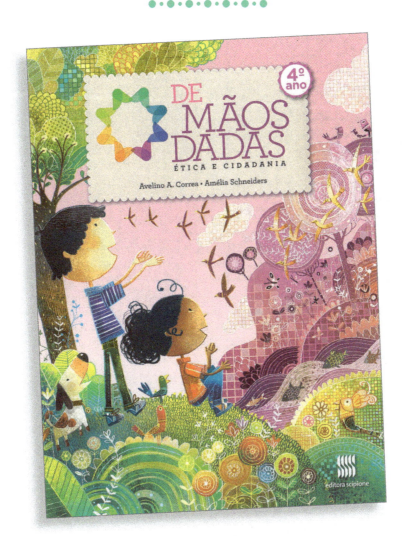

Este livro lhe sugeriu uma porção de lições para uma vida feliz. Depende de você colocá-las em prática. Estamos confiantes de que você conseguirá. Boas férias e até o ano que vem.

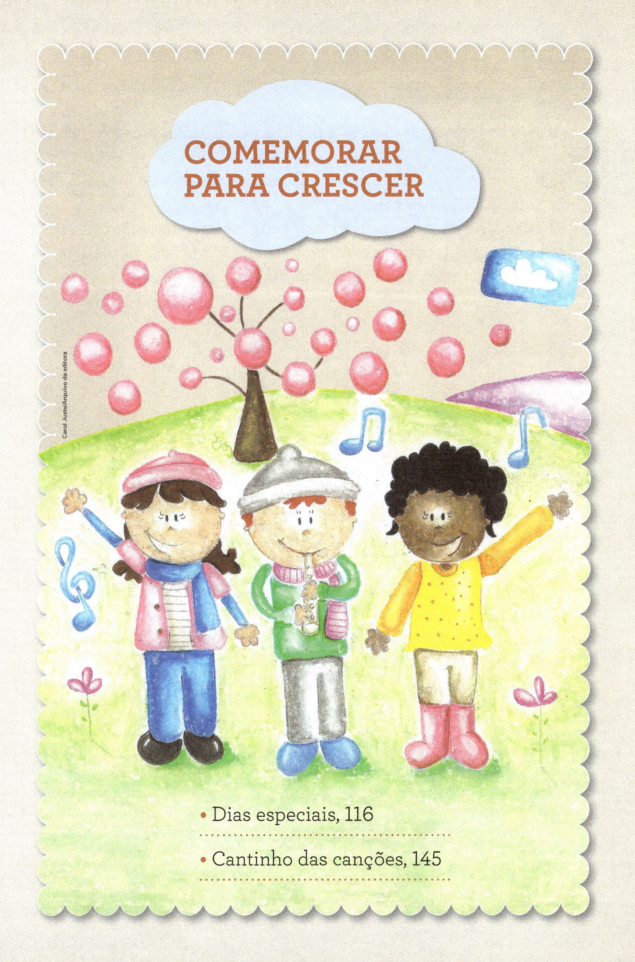

COMEMORAR PARA CRESCER

- Dias especiais, 116
- Cantinho das canções, 145

DIAS ESPECIAIS

Na vida há momentos alegres e momentos tristes. Alguns nos fazem pensar.

É muito bom que os dias não sejam todos iguais. Na verdade, cada dia é uma surpresa, não é mesmo?

O calendário nos mostra os dias de cada mês que merecem atenção especial. Eles nos fazem refletir, nos trazem novo ânimo, despertam o amor ao próximo e o desejo de construir um mundo melhor.

Campanha da Fraternidade

Durante a Quaresma

De mãos dadas, trabalharemos todos pela vida verdadeira.

Assim termina o primeiro artigo de *Estatutos do Homem*, obra escrita pelo poeta brasileiro Thiago de Mello.

Mas o que é vida verdadeira?

A Campanha da Fraternidade explica: a vida verdadeira é alcançada com a prática da justiça, do amor, da solidariedade e do perdão.

A humanidade é uma grande família que precisa da fraternidade para continuar existindo.

"Temos de aprender a viver juntos como irmãos, se não quisermos perecer juntos como loucos". Assim dizia o pastor Martin Luther King, líder do movimento pela igualdade de direitos entre afrodescendentes e brancos, nos Estados Unidos.

Vamos, portanto, nos dar as mãos, unir nossas forças e ajudar a criar condições para que as pessoas convivam de modo fraterno, solidário e feliz.

Perecer: morrer.

Ler é gostoso

O lugar da fraternidade (lenda judaica)

No tempo do rei Salomão, viviam dois irmãos que ceifavam trigo nos campos de Sião.

Uma noite, o irmão mais velho juntou vários feixes de sua colheita e levou-os para o campo do irmão mais novo, dizendo a si mesmo:

— Meu irmão tem sete filhos. Com tantas bocas para alimentar, precisa de uma parte do que consegui.

O irmão mais novo também juntou vários feixes do seu próprio trigo e carregou-os para o campo do irmão mais velho, dizendo para si mesmo:

— Meu irmão vive sozinho, sem ninguém para ajudá-lo a ceifar. Por isso, vou dividir uma parte do meu trigo com ele.

Quando amanheceu o dia, cada um deles se admirou por encontrar exatamente a mesma quantidade de trigo que antes.

Na noite seguinte, tiveram a mesma gentileza um com o outro, e novamente, ao acordar, encontraram seus estoques sem faltar nada.

Mas, na terceira noite, eles se encontraram no momento em que estavam carregando seus presentes um para o campo do outro. Surpresos, abraçaram-se e choraram de emoção.

O rei Salomão, sabendo disso, construiu o Templo de Israel naquele lugar de fraternidade.

Adaptado de: *Vivendo e Aprendendo* – Histórias para o dia a dia. Equipe do jornal *Missão Jovem*. São Paulo: Mundo e Missão, 2002. p. 100.

Carol Juste/Arquivo da editora

Ceifar: colher cereais, cortando-os com uma foice.
Feixe: conjunto de objetos unidos e amarrados; no caso, espigas de trigo.

ATIVIDADES

Vamos refletir?

1. Faça uma lista de palavras que combinam com a fraternidade.

_____
_____
_____
_____

2. Todos os anos, a Campanha da Fraternidade tem um tema diferente. Faça uma pesquisa para descobrir o tema deste ano e converse com os colegas sobre seu significado.

_____
_____
_____
_____
_____

IDEIAS EM AÇÃO

Forme uma equipe com alguns colegas. Juntos, façam um cartaz sobre o tema "Fraternidade", para ser exposto no mural da classe. Escolham uma frase do texto.

Momento de oração

Pai nosso que estás no céu, ajuda-nos a entender que somos teus filhos e que, por isso, **somos todos irmãos**.

Páscoa

Março ou abril (festa móvel)

A Páscoa é, para os cristãos, a mais importante das festas, porque nela se comemora a vitória de Jesus sobre a morte.

É a ressurreição de Jesus que justifica a fé dos cristãos. Veja o que o apóstolo Paulo escreveu na primeira Carta aos Coríntios: "Se Cristo não tivesse ressuscitado, não teríamos nada para anunciar, e a nossa fé seria sem fundamento" (Cf.1 Cor 15,14).

Sem dúvida, é uma grande alegria saber que Jesus voltou à vida após tanto sofrimento: seu julgamento, sua condenação e sua morte na cruz.

Os cristãos recordam esses acontecimentos todos os anos e comemoram o domingo de Páscoa com grande alegria e muita esperança.

Também os judeus comemoram alegremente a Páscoa, mas com outro significado. Para eles, a Páscoa significa a passagem da escravidão no Egito para a liberdade na Terra Prometida por Deus.

Para recitar

A Páscoa chegou alegre
como esta cantiga de amor.
As flores já enfeitaram
o caminho de Nosso Senhor.
Parabéns pela sua vida, Jesus!
Você já ressuscitou!

Irmã Zélia Patrício

ATIVIDADES

Vamos refletir?

1. Assinale o que completa a frase corretamente.

Com sua ressurreição, Jesus trouxe vida nova.

E nós conquistamos vida nova, quando:

- ☐ vencemos o desânimo.
- ☐ recomeçamos depois de um fracasso.
- ☐ deixamos para os outros as tarefas mais difíceis.
- ☐ perdoamos alguém que nos ofendeu.
- ☐ lutamos contra as injustiças.
- ☐ colaboramos com os outros.
- ☐ desistimos de lutar.

2. Responda com suas palavras às questões abaixo.

a) O que os cristãos comemoram na Páscoa?

_____
_____
_____

b) O que os judeus comemoram na Páscoa?

_____
_____
_____

c) O que significa ressuscitar?

_____
_____

d) Como a Páscoa é festejada em sua família?

_____
_____
_____

3. Circule sete palavras que combinam com o significado da Páscoa.

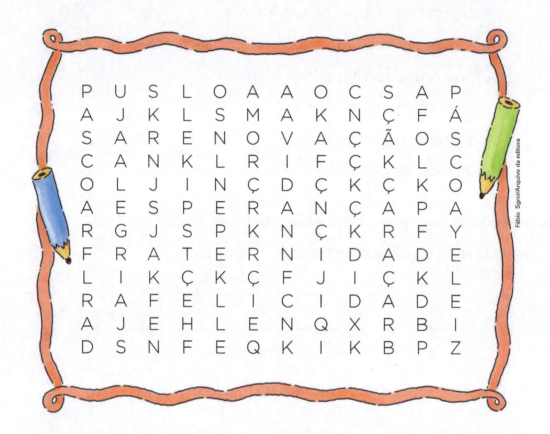

Escreva aqui as palavras encontradas.

1. _____

2. _____

3. _____

4. _____

5. _____

6. _____

7. _____

Dia da Ecologia e do Meio Ambiente
5 de junho

Desenho de Adilson José Pilz, aluno do 8º ano da Escola Básica Municipal Presidente Castelo Branco, em São Bento do Sul, estado de Santa Catarina.

Proteger o nosso planeta nunca foi tão importante e tão urgente. O desrespeito à natureza e a exploração impiedosa dos recursos naturais nos colocam cada vez mais próximos de graves desastres ecológicos.

O Criador fez o mundo bom e bonito e o entregou a nós para o nosso bem, mas também para cuidarmos dele. Muita gente, porém, está destruindo os recursos da natureza.

Cada um de nós tem uma parcela de responsabilidade nisso. Precisamos manter a limpeza das praias, dos rios e do ar que respiramos.

Greenpeace é um nome formado por duas palavras da língua inglesa, quer dizer "paz verde". O Greenpeace é uma organização voltada para a proteção do meio ambiente. Foi criada no Canadá em 1971 e existe em vários países, incluindo o Brasil. Sua missão é impedir que a Terra seja maltratada.

Quem faz parte do Greenpeace defende a saúde do planeta Terra e procura mostrar, para o mundo inteiro, que não se deve agredir a natureza e a vida.

Ler é gostoso

Cada um fazendo a sua parte

Numa pequena cidade havia um grande problema: o lixo e a sujeira se espalhavam por toda parte.

O povo exigia uma solução, e muitos pensavam até em se mudar para outra cidade.

O prefeito reuniu-se, então, com os vereadores para estudarem como resolver o problema. Fizeram várias propostas, mas tudo fugia aos orçamentos disponíveis.

De repente, um dos vereadores pediu a palavra e disse:

— Nós podemos resolver isso em dez minutos e sem gastar um único centavo!

Todos começaram a rir. Quando pararam as gargalhadas, o vereador continuou:

— Vocês podem não acreditar, mas isto é possível, sim! Basta que cada morador, junto com seus familiares, limpe a frente de sua casa!

Nunca é tarde para recomeçar uma vida, de Padre Juca. Petrópolis: Vozes, 1987. p. 21.

ATIVIDADES

Trocando ideias

1. Leia e observe os quadrinhos para depois discutir.

- Você concorda que a Terra está doente?
- Em sua opinião, quais são as causas?
- Que tratamento devemos lhe dar?
- Como as crianças podem colaborar no tratamento da Terra?

2. O que é um desastre ecológico? Você se lembra de algum que aconteceu recentemente?

_____
_____
_____

Vamos refletir?

3. A missão do Greenpeace é impedir que a Terra seja prejudicada. Assinale as atitudes que maltratam a Terra.

- ☐ Jogar lixo em qualquer lugar.
- ☐ Colher frutas maduras.
- ☐ Plantar uma horta.
- ☐ Pisar em canteiros.
- ☐ Pichar muros e paredes.
- ☐ Destruir florestas.
- ☐ Destruir ninhos de passarinhos.
- ☐ Sujar os rios e a praia.
- ☐ Limpar o jardim.
- ☐ Gastar água à toa.

4. Agora, faça um exame de consciência: você também já maltratou a natureza? Como foi?

_____
_____

5. Um pouco de humor faz bem! Na Terra, cada ser criado tem uma função importante, incluindo o urubu. Como você completaria esta quadrinha?

Urubu é amigo da humanidade
Só come sujeira e vive à vontade.
Se não existisse o urubu-lixeiro
Este mundo seria um _____.

Carlos Pimentel

Momento de oração

Ajuda-nos, Senhor, a respeitar e proteger a natureza.
Tuas criaturas são admiráveis e precisamos delas para viver.

Dia da Paz e da Não Violência
21 de setembro

Certa vez, um menino de apenas oito anos veio pedir alguma coisa para comer. Ele tinha no rosto uma grande tristeza, pois ainda não tinha comido nada naquele dia.

A primeira solução em que pensei foi dar-lhe uns biscoitos que eu tinha em casa. Eram apenas doze.

Quando os dei, ele sorriu e voltou para casa. Fiquei com a sensação de ter partilhado muito pouco, mas "ao menos vai comer alguma coisa", pensei comigo mesmo.

No dia seguinte, quando passei na rua onde ele morava, tive uma surpresa: uns dez meninos vieram agradecer-me pelos biscoitos e disseram que estavam muito bons.

Testemunho de um missionário.

As coisas principais para a dignidade das pessoas não se compram e não se vendem, mas se repartem.

A verdadeira alegria está no gesto de abrir as mãos e partilhar o que temos. É assim que se constrói a paz.

Se cada pessoa procurasse compreender e ajudar os que precisam, o mundo se tornaria um paraíso de fraternidade e paz.

> Ler é gostoso

A melhor pintura

> **Açoitado:** golpeado com força ou violência.

Houve, certa vez, um concurso de pintura, e o primeiro lugar seria dado ao quadro que melhor representasse a paz.

Ficaram três finalistas, igualmente empatados.

O primeiro retratava uma imensa pastagem com lindas flores e borboletas que bailavam no ar.

O segundo mostrava pássaros a voar serenamente, sob nuvens brancas, em meio ao azul do céu.

O terceiro mostrava um grande rochedo sendo açoitado pelas ondas do mar, em meio a uma tempestade cheia de relâmpagos.

Para surpresa dos finalistas, o quadro escolhido foi o terceiro, o que retratava a violência das ondas contra o rochedo.

Decepcionados, os outros pintores questionaram o juiz:

— Como este quadro tão violento pode representar a paz?

E o juiz, com muita calma, falou:

— Vocês repararam que em meio à violência das ondas e da tempestade, numa das fendas do rochedo, há um passarinho com seus filhotes, dormindo tranquilamente?

E, no mesmo tom sereno, concluiu:

— Pois eu lhes asseguro que a verdadeira paz é aquela que, mesmo nos momentos difíceis, nos permite descansar tranquilos.

Parábolas que transformam vidas, de Padre Marcelo Rossi. Curitiba: Novo Rumo, 2003. p. 41.

ATIVIDADES

Vamos refletir?

1. Pense e marque as respostas.

Como se constrói a paz?

☐ Ajudando a quem precisa.

☐ Partilhando com os outros o que temos.

☐ Não ligando para os outros.

☐ Sendo gentil e amável com as pessoas.

☐ Perdoando e pedindo perdão.

☐ Respeitando os direitos dos outros.

☐ Gritando e acusando os outros.

☐ Querendo ser o primeiro em tudo.

☐ Sendo calmo e compreensivo.

☐ Provocando brigas e discussões.

☐ Sendo justo com as pessoas.

2. Pensando no texto da página 131, de qual ou quais formas o menino dos biscoitos ajudou a construir a paz?

_____

_____

_____

3. Em sua opinião, o que está faltando para que no mundo haja mais fraternidade e paz?

_____

_____

_____

IDEIAS EM AÇÃO

Vamos fazer um mutirão em classe?

Pesquise e prepare símbolos da paz. Depois, você e seus colegas enfeitarão com esses símbolos a sala e os corredores, convocando a todos para uma campanha de paz.

Momento de oração

Após rezar a oração abaixo, faça um desenho para ilustrá-la.

Ajudai as pessoas a viver em paz, Senhor!
Que não haja tantas brigas nas famílias, entre as igrejas,
no futebol, no trânsito e em todos os lugares. Assim seja!

Festa das Tendas

Setembro ou outubro

Preparativos para a Festa das Tendas, na cidade de Jerusalém. Nas paredes desta cabana, as pinturas recordam os tempos em que os judeus viviam em tendas no deserto.

Há uma festividade judaica muito alegre e apreciada, especialmente, pelas crianças. Celebra o fim das colheitas e, por esta razão, é considerada uma festa de ação de graças, também chamada de Festa da Colheita, ou Festa das Tendas.

Cada família constrói para si uma cabana simples, feita com ramos de árvores, e passa a morar nela durante sete dias. Ali recordam os cuidados que Deus teve para com seus antepassados, em sua longa peregrinação pelo deserto, quando precisavam morar em cabanas.

Atualmente, em várias comunidades cristãs, essa festa está sendo retomada, na época de Pentecostes, que é a festa do Espírito Santo. As tendas são construídas no pátio da igreja por grupos de famílias, não para morar nelas, mas para praticar a fraternidade. Essas famílias preparam e repartem entre si iguarias e guloseimas.

As demais pessoas da comunidade visitam as tendas, e todos que chegam são recebidos com cordialidade. As comidas, então, são oferecidas gratuitamente aos visitantes, num belo gesto de confraternização, partilha e amizade.

Ler é gostoso

A Festa das Tendas

Moisés disse ao povo: "Quando terminarem as colheitas, vocês farão uma festa em honra a Javé, o Deus eterno.

Durante sete dias vocês deverão morar em cabanas, feitas de galhos de árvores, para recordar como Deus os protegeu quando precisaram morar em tendas, durante a peregrinação no deserto.

Escolham os melhores frutos da sua colheita e cortem galhos das árvores mais frondosas, para festejar e se alegrar com toda a sua família".

Levítico 23,39-43

ATIVIDADES

Vamos refletir?

1. Pense no que você leu e crie a sua ilustração para a Festa das Tendas.

2. Assinale os principais motivos da Festa das Tendas.

a) Para os judeus:

☐ divertir-se com os amigos.

☐ celebrar a proteção de Deus para com seu povo.

☐ recordar sua peregrinação pelo deserto.

☐ aprender a construir cabanas.

☐ comemorar e agradecer as colheitas.

b) Para as comunidades cristãs:

- [ ] sair da rotina do dia a dia.
- [ ] promover a confraternização na comunidade.
- [ ] aprender novas receitas de doces.
- [ ] repartir com alegria o que possuem.
- [ ] relembrar a história do povo de Deus.

IDEIAS EM AÇÃO

Que tal promover uma Festa das Tendas em sua classe? Use a criatividade e planeje com o professor e os colegas. Anote aqui.

_____
_____
_____
_____
_____

Dia Mundial da Gentileza

13 de novembro

O objetivo do Dia da Gentileza é despertar as pessoas para a importância e para o valor das atitudes gentis na construção de um mundo mais amável e justo.

Claro, o dia da gentileza é todo dia! Mas essa data especial foi criada para incentivar o belo hábito de praticá-la de modo mais intenso, constante e generoso.

O Dia da Gentileza foi estabelecido em 1996, em Tóquio, no Japão, por ocasião de uma conferência entre profissionais de vários países.

Ser gentil é muito mais do que ser educado. Gentileza expressa bom caráter, nobreza, valores e ética. É um modo de agir, um jeito de ser, uma forma diferenciada de enxergar o mundo e as pessoas.

Há inúmeros gestos simples que expressam gentileza, tais como: dizer bom-dia, oferecer água ou café, abrir a porta para alguém, alcançar um objeto para alguém, ceder o lugar ou a vez, oferecer carona, pedir licença, pedir desculpas, agradecer, pegar para alguém algo que caiu, etc.

Gentilezas produzem satisfação e bem-estar, tanto naqueles que as praticam como naqueles que as recebem. A satisfação que se vê no rosto da pessoa que recebeu uma gentileza produz a sensação de alma lavada, uma alegria que não tem preço.

Você quer contribuir para um mundo mais humano, mais doce e mais amável? **Seja gentil!** Os atos de gentileza se multiplicarão rapidamente, porque **gentileza gera gentileza.**

Ler é gostoso

O profeta Gentileza

Ele surgiu no Rio de Janeiro nos anos 1960. Vestia túnica branca e pregava a ideia de um mundo regido pela **gentileza**. Distribuía flores, sorrisos e palavras de bondade.

Essa estranha personagem também escrevia, nos muros e paredões da cidade, suas mensagens de amor, gentileza e paz. Entre elas: GENTILEZA GERA GENTILEZA, que foi o seu lema.

Tudo começou após o incêndio de um grande circo em Niterói, onde morreram perto de quinhentas pessoas. A partir daí, José Datrino largou tudo e se dedicou a consolar os familiares das vítimas.

Inicialmente, plantou um jardim no local das cinzas e ali ficou morando por quatro anos. Depois, decidiu sair pelas ruas anunciando a todos a sua mensagem. Foi aí que ganhou o apelido de **profeta Gentileza**.

Ele nunca falava "obrigado" para agradecer, porque essa palavra, segundo ele, lembra obrigação. Ele preferia dizer "agradecido", e sua expressão favorita era "por gentileza".

Faleceu em 1996, no dia 29 de maio, e, por isso, no Brasil, o Dia da Gentileza também é lembrado nesse dia.

O profeta Gentileza, de Eduardo Petta. Revista *Vida Simples*. São Paulo: Abril, jan. 2004. p. 50.

ATIVIDADES

Pensando juntos

1. Pode-se praticar a gentileza por meio de palavras, gestos e atos. Em duplas, descubram e escrevam:

- palavras gentis:

____

____

____

- gestos gentis:

____

____

____

____

- atos de gentileza:

____

____

____

____

Carol Juste/Arquivo da editora

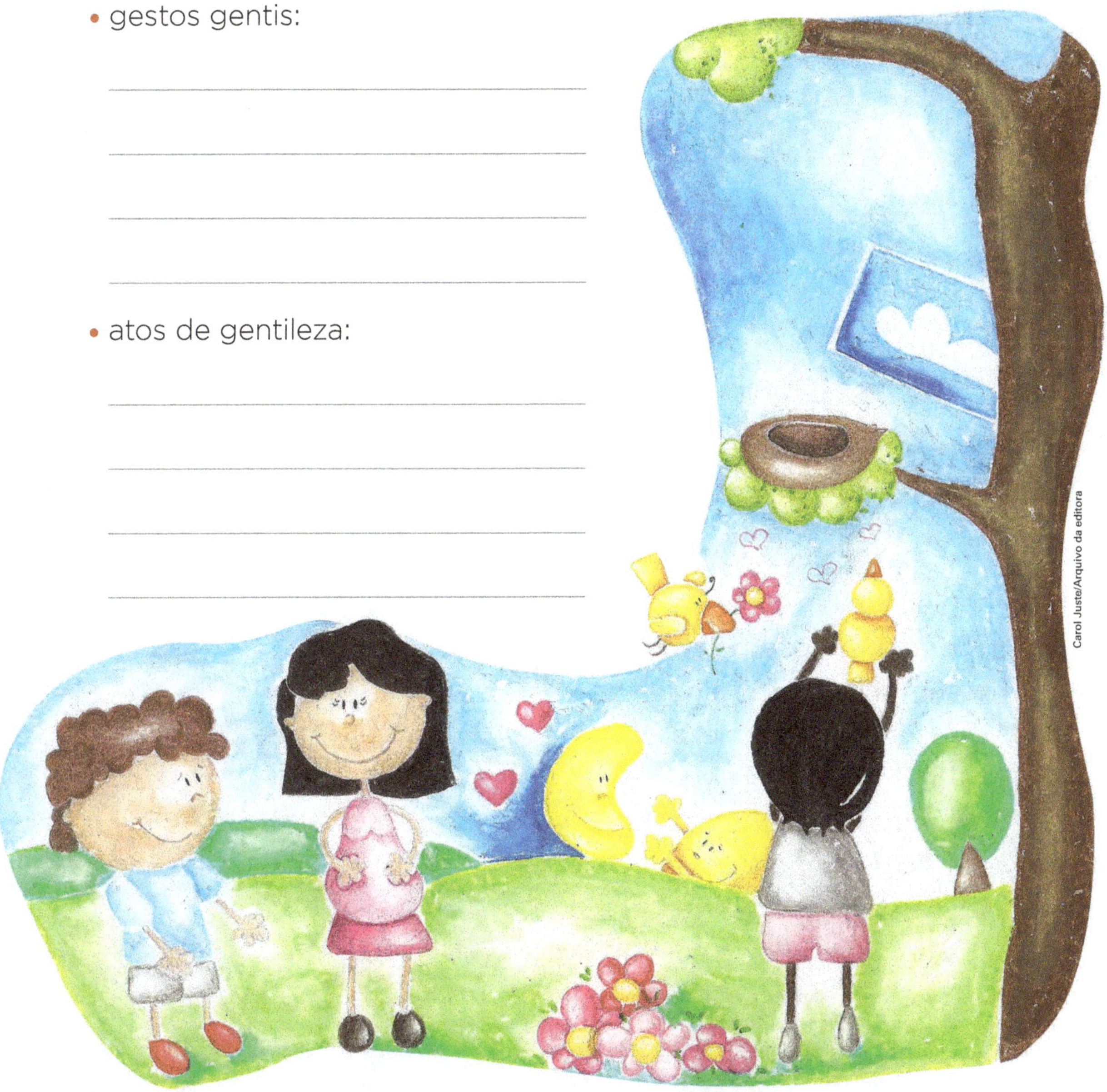

Vamos refletir?

2. Uma gentileza nunca vem sozinha. Pense nas qualidades que acompanham os atos, as palavras e os gestos de gentileza e escreva-as no diagrama.

amabilidade	bondade	cortesia
delicadeza	educação	elegância
gratuidade	nobreza	simpatia

Gratuidade: atitude espontânea, sem pedir nada em troca.

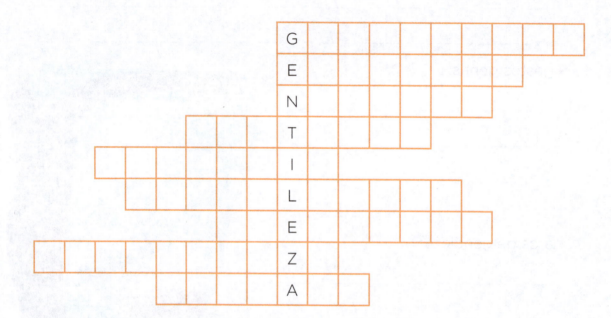

3. Para ler e pensar.

Imagine um lugar
onde todos — que beleza!
Fossem sempre delicados
e agissem com gentileza...

Seguramente as pessoas
se entenderiam bem mais.
Não haveria mais guerra,
seria um mundo de paz.

"Essa rua é nossa!" – Aprendendo a conviver
no espaço público, de Beatriz Meirelles.
São Paulo: Scipione, 2009. p. 19-20.

Carol Justo/Arquivo da editora

Trocando ideias

4. Das atitudes abaixo, qual você acha mais importante ou necessária para a prática da gentileza? Por quê? Comente com o professor e os colegas.

- Aprender a escutar.
- Praticar a paciência.
- Pedir desculpas.
- Respeitar as pessoas.
- Ser companheiro.
- Esperar sua vez.

5. Trabalhe com a imaginação!

a) Se o profeta Gentileza ainda estivesse vivo, o que ele diria sobre a gentileza praticada em sua sala de aula?

_____
_____
_____

b) O que você pode fazer quando recebe uma gentileza?

_____
_____
_____

IDEIAS EM AÇÃO

Vamos fazer uma campanha da gentileza! Combine com o professor e os colegas um dia ou uma semana em que todos se comprometam a praticar pequenas gentilezas. Criem um título ou lema.

Natal

25 de dezembro

O Natal é a festa da paz, da alegria e da boa vontade.

Para os cristãos, é a comemoração do nascimento de Jesus, o filho de Deus. Ele veio ao mundo para ensinar a humanidade a viver de modo mais fraterno e feliz, de forma que todos tivessem vez e voz.

Quando Jesus nasceu, seu abrigo foi um estábulo, e seu berço, uma manjedoura. Identificou-se, assim, com os mais pobres da terra.

O Natal é a mais popular das festas cristãs. Casas e ruas são festivamente decoradas. As pessoas se reúnem para comemorar a data em família, abraçam-se, desejam feliz Natal umas às outras, trocam cartões e presentes.

Muitas pessoas também vão à igreja para agradecer e louvar a Deus por ter mandado seu filho Jesus ao mundo.

Estábulo: lugar coberto onde se abriga o gado.
Manjedoura: espécie de caixa de madeira onde se põe comida para o gado.

Ler é gostoso

Os presentes das flores

Três flores estavam conversando: a rosa, o jasmim e a violeta. Elas ficaram sabendo que, na gruta de Belém, havia nascido o Menino Jesus. As três flores abraçadas planejavam uma forma de agradar ao Menino.

A rosa disse:

— Já sei! Vou oferecer o meu perfume, para que a manjedoura fique cheirosa.

O jasmim, prontamente, falou:

— Vou oferecer a minha maciez, para que ele fique bem agasalhado entre minhas pétalas.

E a violeta, escondida debaixo de suas folhas, não sabia o que ofertar. A rosa e o jasmim tentaram ajudá-la, mas em vão. A violeta já estava a ponto de chorar quando, finalmente, teve uma ideia:

— Já sei! Vou oferecer ao Deus Menino a minha companhia para que ele nunca se sinta só.

E lá se foram as três, guiadas pela estrela. Quando chegaram à gruta, ofereceram, gentilmente, seus presentes.

A violeta é hoje considerada o símbolo da humildade.

Seleção de Luciana P. da Silva, in *Almanaque Santo Antônio*, organizado por Frei Edrian Josué Pasini. Petrópolis: Vozes, 2011. p. 218.

ATIVIDADES

Trocando ideias

1. Leia a tirinha, converse com a turma e depois responda.

a) Com quem o Garfield quer festejar o Natal? Por quê?

_____
_____
_____

b) E você, com quem vai comemorar o Natal? Comente.

_____
_____
_____

c) Será que todas as pessoas do mundo têm com quem comemorar o Natal? Explique.

_____
_____
_____

2. Como é festejado o Natal em sua família?

_____
_____
_____

Vamos refletir?

3. Para ler, pensar e cantar.

Na luz desse Natal

Nessa noite todo mundo se abraça
Nessa noite todo mundo fica em casa
Nessa noite vão se abrindo os presentes
A alegria é pra valer

Nessa noite muita gente não tem nada
Nessa noite muita gente na calçada
Nessa noite muita gente não tem casa
Não tem nada pra comer

Nessa noite alguém para pra pensar
Que de algum modo poderia ajudar
Mas eu tenho a esperança
Que algum dia a igualdade vai chegar

O Menino Deus veio nos mostrar
O que é o amor
Nos abençoar, praticar a paz
E cada vez mais o pão repartilhar

O Menino Deus veio nos mostrar
O que é o amor, nos abençoar
Pra que todos possam ter a paz celestial
Na luz desse Natal.

Na luz desse Natal. *Nosso ninho* (CD), de Negritude Júnior, EMI.

143

IDEIAS EM AÇÃO

Desenhe um pinheirinho e abaixo dele escreva a sua mensagem de Natal.

CANTINHO DAS CANÇÕES

SEJA BEM-VINDO

Verônica Firmino

Seja bem-vindo, ô, ô, ô!
Seja bem-vinda, ah, ah, ah!

Que bom que você veio, é bom nos encontrar! (2×)
A nossa amizade nós vamos festejar (2×)

O amor e a alegria nós vamos partilhar (2×)
A fé e a esperança nós vamos celebrar (2×)

CD *Vamos animar e celebrar* – Paulinas/Comep

CANÇÃO DO TRABALHO

João Collares

Trabalhar, crescer, lutar
Trá, lá, lá, lá
Progredir, vencer, subir

Trabalhar é viver, trabalhar com prazer
É fazer da ação o crescer da nação
Se paramos no tempo para trás ficaremos
Ocupando um lugar sem querer trabalhar
Por pequena que seja a sua função
É demais importante progredir com a nação

Trabalhar é viver, trabalhar com prazer
É fazer da ação o crescer da nação
No 1º de Maio vamos comemorar
O Dia do Trabalho todos vão festejar
Seja um trabalhador com amor, devoção
Todos são importantes em qualquer profissão.

CD *Calendário Escolar Musicado* – datas comemorativas vol. 1 – Paulinas/Comep

Carol Juste/Arquivo da editora

FARÓIS DE ESPERANÇA

Verônica Firmino

Um novo tempo sonhamos de justiça, paz e amor
Unindo nossas mãos faremos acontecer

Ainda é tempo pra felicidade
Um cantinho de paz, esperança e amizade
Respeitar a vida, a natureza
Cuidar da beleza de todo o planeta
É a nossa missão
Vamos acender faróis de esperança
Luzes de confiança para o mundo ser melhor.

CD *Canções de Paz* – Paulinas/Comep

VAMOS À LUTA

Zé Martins

Tudo muda se a gente batalhar
Se a gente não lutar nada vai mudar

É preciso estar unidos
Pra acabar com a opressão
Só assim é que a gente
Viverá em mundo irmão
Mas se a gente não batalha
De que vale a união?

Neste mundo tudo passa
O sofrimento passará
É a grande esperança
Que temos que acreditar
Mas se a gente não batalha
De que vale esperar?

Neste mundo o desmando
Ocupou o seu lugar
E deixou a nossa gente
Sem ter como se virar
E se a gente não batalha
Tudo vai continuar.

Nosso Deus é nossa força
E também não gosta disto
Essa é a nossa fé
Ele acabará com isto
Mas se a gente não batalha
De que vale Jesus Cristo?

CD *Geração Jovem* – Paulinas/Comep

CRIANÇAS ALEGRES SOMOS

Afonso Horácio Leite

Crianças alegres somos, gostamos é de brincar
Gostamos de ser amigos e de todos alegrar

É palma, é palma, é pé, é pé
É roda, é roda, que bom que é

Gostamos de trabalhar, de criar com nossas mãos
Gostamos de fazer mandado, que não tenha exploração

Gostamos de estudar o que interessa a gente
Gostamos de TV que não mata a nossa mente

Gostamos é de brincar, mas bem temos consciência
Com as armas de brinquedo nasce a guerra e a violência

CD *Sonho de menino* – Paulinas/Comep

HAJA PAZ

Pe. Zezinho

Haja o grito contra a guerra e outro grito pela paz
Mais um grito pela Terra, violência nunca mais
Pouca gente muito ódio conseguiram abafar
O clamor da maioria acredita no amanhã

Eu sou da paz, eu quero paz, eu tenho paz
Eu sonho com a paz
Sei que apesar de tanto ódio a florescer
O amor há de renascer

Haja paz entre os vizinhos, nas famílias tenha paz
Nas cidades e nos campos, nas igrejas muito mais
Haja paz na sociedade, que saibamos nos querer
Como irmãos e como amigos que conseguem conviver

Que ninguém seja oprimido, todo mundo encontre a paz
Seja o pão mais repartido e o dinheiro ainda mais
Por amor à humanidade, consigamos ser leais
Espalhar fraternidade, violência nunca mais.

CD *Canções de PAZ* – Paulinas/Comep

NATUREZA É VIDA

Oswaldo Biancardi

Um pássaro, um rio, uma flor
A cachoeira, a brisa e o mar
Um caminho, a relva, um campo
A vida não pode acabar.

Toda vez que se corta uma árvore
Se destrói um pedaço da flora
Quando o ar se mistura à fumaça
É a fauna que morre e que chora.

Vamos fazer nossa parte
Mudando a mentalidade
E, quem sabe, um dia
Traremos o campo para nossa cidade.

Mãe natureza, natureza é vida
Esse é o caminho, é a nossa saída

CD *Priscila* – mundo criança – Paulinas/Comep

OBRIGADO, MEU SENHOR!

Verônica Firmino

Obrigado, meu Senhor
Pela vida, pelo amor
Obrigado! Agradeço a ti, Senhor

Pela Terra e a água, pela fauna e a flora
Pelo ar que respiramos e toda a beleza da natureza
Pelo Sol e a Lua, pela noite e o dia
As estrelas a brilhar, tudo é graça do teu amor.

Pelos pais, pelos filhos, os irmãos e os amigos
A família que nos dás, pela paz que há entre nós
Pelo pão e a alegria, pelo lar e o repouso
A saúde e o trabalho, por tua luz que sempre nos guia.

CD *Vamos animar e celebrar* – Paulinas/Comep

CANTIGA DE PAZ

Zé Vicente

Vem cantar comigo esta canção do amanhã
Vamos na esquina deixá-la em cartaz
Seja bem-vinda a paz!
Vamos pela rua em passeata popular
Venham, venham todos, não vale esperar
Pra ver acontecer tem que lutar.

E todos seremos iguais
O dia é a gente que faz
Quem planta a justiça refaz
A estrada da vida e da paz

Vem, vamos interrogar ao rei computador
O que fazer pra ver reinar o amor
E como desarmar o coração e a razão
Dos homens violentos que não olham pra trás
O que a guerra fez e faz.

Venha quem chorou e machucado foi
Na praça envergonhada a violência está
E quem pisou vai ter que constatar
Que é bem melhor servir do que matar.

CD *Canções de Paz* – Paulinas/Comep

AS CORES DO MUNDO NOVO

Reginaldo Veloso

Eram doze meninos tão vivos
doze folhas de papel
Eram doze lápis de cores
Tão bonitos como o céu

Cada um pegou sua folha
E um lápis de cor também
Começaram os seus desenhos
Algo viram, não lhes convém
Uma casa, um Sol, um jardim
Tudo azul, mas que graça tem?
Um coqueiro, um céu, um cãozinho
Só vermelho, não vai nem vem!

Dá-me o teu, que te passo o meu
Diz Pedrinho à Luizinha
Cor de laranja fica o teu Sol
E azul a tua casinha
Toma o meu que é amarelo
Pega o verde e me dá o rosa
Vê que as flores estão mais bonitas
Que a casinha está mais formosa

E os lápis lá vão passando
E se multiplicam as flores
Céu azul e cãozinho marrom
E um jardim de todas as cores
Olhem lá, mas que maravilha
Vejam só o que enfim se deu
Mãos e cores se entrelaçam
E o milagre aconteceu!

CD *Sonho de menino* – Paulinas/Comep

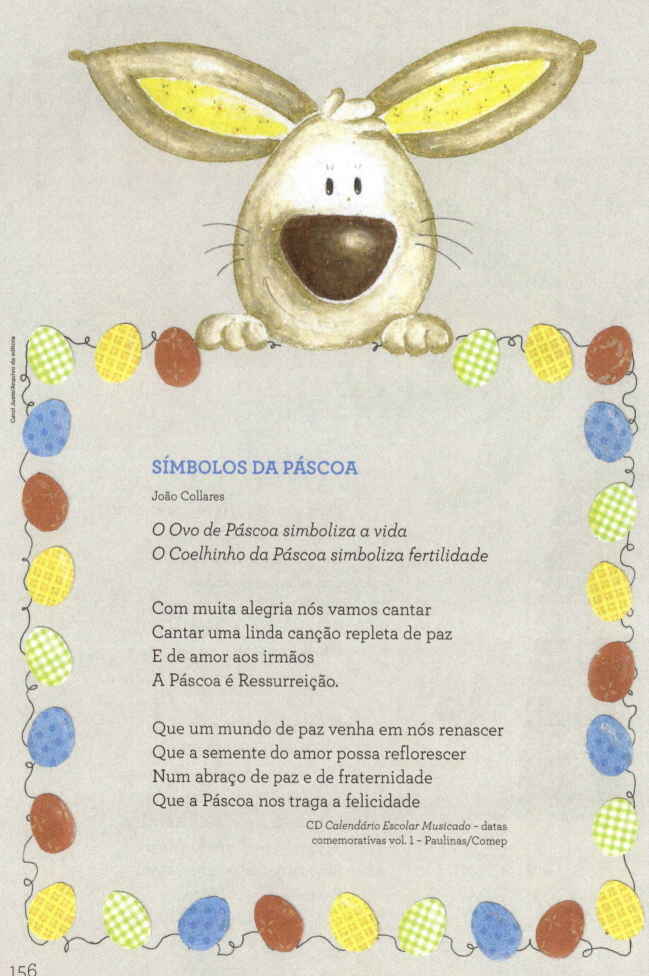

SÍMBOLOS DA PÁSCOA

João Collares

O Ovo de Páscoa simboliza a vida
O Coelhinho da Páscoa simboliza fertilidade

Com muita alegria nós vamos cantar
Cantar uma linda canção repleta de paz
E de amor aos irmãos
A Páscoa é Ressurreição.

Que um mundo de paz venha em nós renascer
Que a semente do amor possa reflorescer
Num abraço de paz e de fraternidade
Que a Páscoa nos traga a felicidade

CD *Calendário Escolar Musicado* – datas comemorativas vol. 1 – Paulinas/Comep

NOVO DIA JÁ VEM

Verônica Firmino

Vem, dá-me tua mão
Vamos juntos cantar
E plantar amor nos corações
Vem, dá-me tua mão
Vamos juntos construir
Um mundo mais feliz, irmão.

Novo dia já vem
Ano-Novo também
É sempre tempo de amar
Somos todos irmãos
Vamos nos dar as mãos
E abrir as portas do coração.

Vem, vamos regar
O jardim da vida
Com os sonhos da paz
Vem, vamos plantar
Canteiros de esperança
De alegria e de luz.

O que passou, passou
Vamos caminhar só fazendo o bem
Estendendo a mão, acolhendo o irmão
Num abraço de compreensão
Vamos juntos viver semeando a paz
Vida nova nascerá: a civilização do amor.

CD *Vamos animar e celebrar* – Paulinas/Comep

O PLANETINHA

Pe. Zezinho

No meio de milhões de astros
No meio de milhões de sóis
Existe um planetinha
Que gira, gira, gira
Gira sem parar

Vai girando, vai girando ao redor do astro-rei
Leva um ano inteirinho para rodear o Sol
Leva vinte e quatro horas pra fazer um rodopio

É o meu planeta, o Planeta Terra, o Planeta Azul
E eu moro nele no ocidente, hemisfério sul

Mas eu tenho uma historinha
Muito triste pra contar
Estão sujando o meu planeta
Acabando com as suas águas
Destruindo as suas matas
Poluindo o céu azul

Mais um pouco e não tem peixe
Não tem água e não tem vida
Mais um pouco e não tem aves
Não tem ar pra respirar

O que é que uma criança
Poderá fazer de bom
Para proteger a vida
E salvar o que restou

Quando eu crescer
Vou defender o meu planeta
E libertá-lo da destruição
Vocês verão, vocês verão.

CD *Criancices* – Paulinas/Comep

PARABÉNS!

Você chegou ao final do seu livro!

Certamente, fez um belo trabalho!

Nesta página, você vai criar uma frase, um desenho ou uma colagem de um assunto estudado no livro e de que gostou muito.

Vamos lá!

Material de apoio

Caderno de produção de texto

4º ANO

Aluno: _____
Escola: _____

editora scipione

Sumário

UNIDADE 1 História em quadrinhos 3

UNIDADE 2 Texto informativo 7

UNIDADE 3 Poema concreto 13

UNIDADE 4 *Blog* 19

Unidade 1: História em quadrinhos

Rascunho

Texto final

Unidade 1 — História em quadrinhos

NOME: .... DATA: ....

Unidade 2 — Texto informativo

Rascunho

Texto final

Unidade 2 — Texto informativo

NOME: .... DATA: ....

Unidade 3 — Poema concreto

Rascunho

Texto final

Unidade 3 — **Poema concreto**

NOME: .... DATA: ....

Unidade 4 — Blog

Rascunho

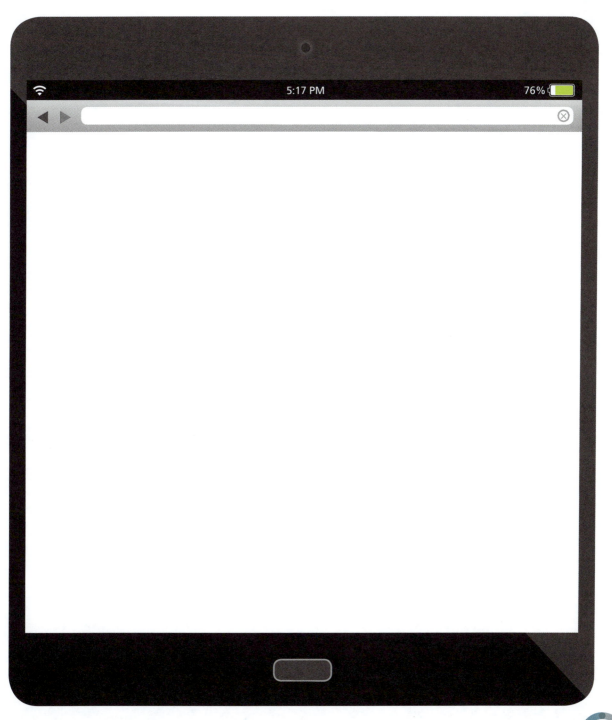

Texto final

Unidade 4 — *Blog*

NOME: .... DATA: ....

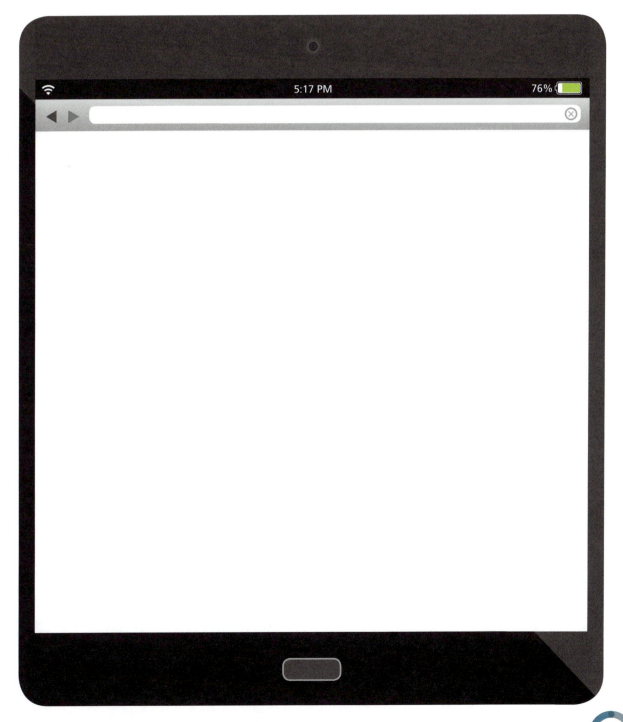